Leadership & Manage

CW00816392

Veröffentlicht mit freundlicher Unterstützung

Über dieses Buch

Im vorliegenden Buch wird zunächst eine ganzheitliche Theorie von Leadership und Management als System der sich gegenseitig stärkenden Gegensätze entwickelt und ihre Anwendung in der Praxis gezeigt. Die ursprünglich für den kleinen Kreis der Fachexperten geschriebene Ausarbeitung wird didaktisch für ein weiter gefasstes Publikum (Wissenschaftler, Studierende, interessierte Praktiker) aufbereitet, um eine breitere Diskussion, eine Verwendung in der Lehre und eine praktische Umsetzung zu ermöglichen. Anschließend wird das Thema der Qualifizierung von (Nachwuchs-)Führungskräften aufgegriffen und ein neuartiges, auf ästhetischem Erfahren und intensiver Reflexion basierendes didaktisches Konzept vorgestellt. Dieses Konzept wird nicht nur der Komplexität des Themas gerecht, sondern dient dazu, den zu qualifizierenden Personenkreis ganzheitlich auf allen Ebenen anzusprechen: kognitiv, motivational, volitional und emotional. Daher verdienen die entsprechenden Lehreinheiten nicht nur „Seminare" genannt zu werden, sondern auch „Lern-Erlebnisse". Das Konzept beschreibt zudem, wie die nachhaltige Wirkung der Lern-Erlebnisse sichergestellt werden kann und wie das Konzept selbst der konkreten Lernsituation angepasst und auch weiterentwickelt werden kann. Neben der theoretischen Ausführung, beinhaltet das besagte didaktische Konzept auch konkrete Beschreibungen der dazugehörigen Seminare bzw. Lern-Erlebnisse, die sofort in die Praxis umgesetzt werden können.

Inhaltsverzeichnis

Anstelle einer Bucheinleitung: Leadership und Management sowie ihre Didaktik

1

Das vorliegende Buch ist in mehrfacher Hinsicht ein Experiment. Es ist aus einer Arbeit entstanden, die ich zunächst geschrieben habe, um meine eigenen Gedanken zum Verständnis von Führung zu ordnen. Schnell bemerkte ich, dass ich mehr und mehr Aspekte zu berücksichtigen hatte. Anstelle von einem etwas diffusen Begriffsverständnis von „Führung" bildete sich ein System der sich gegenseitig stärkenden Gegensätze. Leadership und Management als Gegensätze zu begreifen ist allerdings nicht neu. Aber Gegensätze, die nicht nur zusammen existieren, sondern sich auch noch gegenseitig stärken und beide daraufhin hinarbeiten, die Bestimmung, den Zweck (Purpose) eines Unternehmens oder einer Organisation zu erfüllen?

Verschiedene Aspekte kamen dazu: system-theoretische, (wirtschafts-)kybernetische, (wirtschafts-)historische, betriebspädagogische und organisationspsychologische. Mehrere Argumentationszweige bildeten sich und die Komplexität des Artikels wuchs kontinuierlich. So habe ich angefangen, mir Gedanken bezüglich der Didaktik zu machen: zuerst bezüglich des Papers selbst und dann – ganz im betriebspädagogischen Sinn – noch viel mehr bezüglich der Implementierung des Leadership-Management-Konzepts in der Praxis. Wie können heutige und zukünftige Führungskräfte dazu ermächtigt werden, das Konzept zu verstehen, zu verinnerlichen und – sowohl im Management- als auch Leadership-orientierten Sinn – gewinnbringend in der Praxis umsetzen? Insbesondere das Verständnis von Leadership verlangte nach neuen Wegen – wiederum nach einem Experiment.

Außerdem war die Originalarbeit in Englisch geschrieben. Meine didaktischen Aktivitäten konzentrieren sich bisher aber auf den deutschsprachigen Sprachraum. Sollte ich den Text ins Deutsche übersetzen? Auch hier wird der aufmerksame Leser ein Experiment erleben.

© Der/die Autor(en), exklusiv lizenziert durch Springer Fachmedien Wiesbaden GmbH, ein Teil von Springer Nature 2021
A. Steckelberg et al., *Leadership & Management*, https://doi.org/10.1007/978-3-658-32987-7_1

Als Charly Harrer mich als den potenziellen Betreuer seiner Magisterarbeit ansprach, kannte ich ihn bereits aus meinen Seminaren am Karlsruher Institut für Technologie (KIT) als einen klugen und reflektierten Studierenden und ich wusste bereits, dass Charly nicht nur seine ersten allgemeinen Praxiserfahrungen gemacht hat, sondern auch schon seit einiger Zeit in einem seiner Nebenjobs eine Führungsaufgabe übernahm. Schnell ist bei mir die Idee gereift, dass die didaktische Ausarbeitung einfacher gelingen kann, wenn diese durch eine längerfristige inhaltliche Auseinandersetzung mit dem Thema durch einen bisherigen Laien mit didaktischen Vorkenntnissen gemacht wird, der vielleicht selbst zu der potenziellen Zielgruppe der (Nachwuchs-)Führungskräfte gehört. Charly Harrer schien dafür ein bestens geeigneter Kandidat zu sein und, da er bezüglich des Themas der Magisterarbeit zum Zeitpunkt offen war, habe ich ihm dieses Experiment vorgeschlagen.

Auch in seiner Zusammensetzung ist dieses Buch ein Experiment. Im Teil I des Buchs wird der Leser meine Originalarbeit vorfinden. Wie oben angedeutet, wird der Text nicht ins Deutsche übersetzt. Der Teil II enthält die Ausarbeitung, die Charly Harrer mit meiner Betreuung und Begleitung als seine Magisterarbeit angefertigt hat. Das im Teil I dargelegte Originalkonzept wird im Teil II didaktisch aufbereitet, mit allen notwendigen Vorkenntnissen angereichert und bis zur didaktischen Umsetzung im Sinn der „Ausbildung der Ausbilder" geführt: Konkrete didaktische Ausarbeitungen möglicher Trainingseinheiten werden gezeigt. Dem aufmerksamen Auge des Lesers wird sicherlich nicht entgehen, dass auch diese Trainingseinheiten ein Experiment, insbesondere im deutschsprachigen Raum, sind. Insbesondere die Seminare, die Musik und das Leadership-Verständnis miteinander verbinden, haben die Autoren dieses Buchs bereits in die Praxis umgesetzt. Gespannt darf man auch darauf sein, welche Experimente noch folgen – insbesondere durch Sie, unsere lieben Leser.

Alexander V. Steckelberg

Leadership & Management – Past, Present and Future – How Complexity and Creativity Form the Fields and Which Roles Culture Plays and Ethic Has to Play

Abstract

2

This article develops a partly mathematically and partly empirically based constructive and componential theory of leadership and management. It shows how complexity and creativity within organizations and in their environments form and cause both phenomena: leadership and management. The article also describes how conceptions of management and leadership—especially the one of leadership—relate to individual perceptions and consequently individual assumptions, beliefs, expectations, and aspirations. Therefore, while giving a theoretical foundation to leadership and bringing rationality to the field—a feature presumed to be the distinguishing characteristic of management—this article simultaneously shows how leadership relates to culture, aesthetics, and perception of harmony. Consequently, the article exposes the truly systemic and holistic nature of leadership and connects "traditional, intellectually oriented and positivistic leadership approaches" (Ropo and Sauer 2008) to those grounded in the arts, sports, and philosophy.

Reference

Ropo, A., & Sauer, E. (2008). Dances of leadership: Bridging theory and practice through an aesthetic approach. *Journal of Management & Organization, 14*(05), 560–572.

© Der/die Autor(en), exklusiv lizenziert durch Springer Fachmedien Wiesbaden GmbH, ein Teil von Springer Nature 2021
A. Steckelberg et al., *Leadership & Management*,
https://doi.org/10.1007/978-3-658-32987-7_2

Preparatory Discussion

3

3.1 The Outline

Starting from the well-known definition of management as profession of control (Beer 1966, p. 239) this article will reveal some gaps between the requirement to bring an organization and its environment under control and possibilities of achieving this aim. Subsequently, leadership will be defined as complement to management to close these gaps. The entire definition will be given constructively presenting single functions of both leadership and management. Due to their impacts these functions will be called obligations. The obligations are components of the componential theory of leadership and management which will be established on the basis of the definition of leadership and management mentioned above. Following Gairola (2011), Kotter (1990, 2001), Malik (2010, 2013) and Zaleznik (1977, 1981, 1992, 2004a, b) also leadership and management will be seen as organizational functions, i.e. not as persons, teams or organizational organs or structures which are in charge of leadership and/or management. Those persons, teams or organizational structures will be referred to as leader or manager respectively. A manager and/or a leader can be different persons as well as the same person (cf. Gairola 2011; Kotter 1990, 2001; Malik 2010, 2013; Zaleznik 1977, 1981, 1992, 2004a, b). The discussion will further show that due to diametrically opposed requirements and effects of leadership and management actions, leadership cannot be seen as part of management. For the same reason, management cannot be seen as part of leadership either. All mentioned components and some principles of balancing management and leadership actions will also be discussed. Additionally, the article will exemplary illustrate historical developments of leadership as an organizational phenomenon. The article, consequently,

© Der/die Autor(en), exklusiv lizenziert durch Springer Fachmedien
Wiesbaden GmbH, ein Teil von Springer Nature 2021
A. Steckelberg et al., *Leadership & Management*,
https://doi.org/10.1007/978-3-658-32987-7_3

will show a holistic nature of the leadership-management liaison and reinforce a call for appropriate comprehensive leadership education. Moreover, the in this way established componential theory of leadership and management will be an evolution oriented theory allowing adaptation and integration of future findings and developments (cf. Steckelberg 2015, 2016).

The method used to establish the theory is analytical exploration (cf. Steckelberg 2011, forthcoming). This systemic and constructive method applies to theory generation and development and aims for rigorous results bringing mathematical, especially non-statistical approaches to social sciences and humanities. However, the componential theory of leadership and management will be based on both mathematical (cf. Ashby 1956) and empirical results. Historical developments will be used for purposes of additional illustration (only).

3.2   Introduction—Leadership and/or Management?

Differences between leadership and management have been subject to scholarly discussion for several decades (Bennis und Nanus 1985; Kotter 1990, 2001; Mintzberg 1998; Zaleznik 1977, 1981, 1992, 2004a, b). Both "antagonists"—management and leadership—have experienced several ups and downs during these years. Many different management tools, views on leadership and management, and management and leadership schools were developed and established. Positions between "management only" and "leadership only" were represented alongside the view of coexistence and the need for both, including the vision of "leaderment" (Gairola 2011). Whereby "leadership/management only" (or "good side"/"bad side") means that one of the phenomena is constituted as predominantly positive, necessary, useful, challenging and/or the like, while the other is considered predominantly negative, useless, redundant, inferior, and/or the like (Bennis und Nanus 1985; Kotter 1990; Malik 2010, 2013; Zaleznik 1977, 1981, 1992, 2004a, b).

Yet the discussion seems to be shaped more around perceptions and views than clear understanding of mechanisms making both leadership and management inevitably necessary, at least in a modern organization. The fact, that those mechanisms exist, follows indirectly from research like Grandori and Furnari (2008), showing that a certain level of management interventions is required to make an organization productive. Simultaneously, the research mentioned above shows that management is not enough to unleash creativity in an organization.

3.3   Management is the Profession of Control

The famous expression in its entirety is: "If cybernetics is the science of control, management is the profession of control" (Beer 1966, p. 239). The most comprehensive view on an organization is to see it as a (very) complex system. Simultaneously both abstract and precise, this view illustrates the gist of management: A manager is a regulator trying to bring a complex system under control. There are at least two potential problems (i.e., obstacles in the way of bringing the system under control) that need to be solved.

Problem 1
On the one hand, the manager is both a regulator and observer at once and may not "see" or "know" the entire "machine." (which means the whole organization and its environment in the language of managerial cybernetics. The task of the observer is to define what she or he can observe as "system" to be controlled by the regulator. Thereby different kinds of observing can be considered. However, indirectly collected "views", "sensations" or data have to be as trustworthy as directly collected. E.g., while controlling by operating numbers, an equity price from a stock exchange can probably be taken as trustworthy while key numbers delivered by an employee can be manipulated). This means that the system the manager tries to bring under control is not the whole machine but a part—the visible part—only (cf. Fig. 3.1). The whole is much more than the organization itself, but the manager is often not even able to overview the organization alone in its entirety. Probably though, she or he can see some part of the environment of the organization and therefore try to bring it under control as well. However, the manager cannot see the invisible part of the machine and consequently cannot know how big or small it is and how the invisible part of the machine supports or disturbs her or his efforts. Under these restrictions, how to bring the system under control? Who is responsible for stepwise unveiling the invisible, i.g., increasing understanding of the whole?

Problem 2
On the other hand, the Ashby Law, "If a system is to be stable, the number of states of its control mechanism must be greater than or equal to the number of states in the system being controlled," (Ashby 1956) means that there are only two possibilities for bringing a complex system such as (a part of) an organization and part of its environment under control: reducing the variety (the number of different states) of the system and/or enhancing the variety of the regulator. Thereby, the variety of the system cannot be reduced below a certain threshold

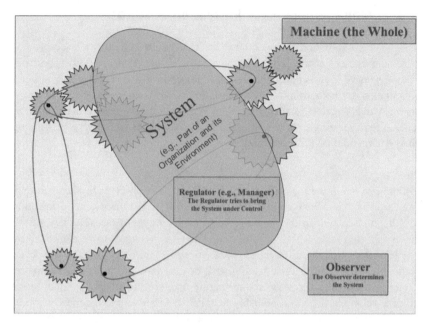

Fig. 3.1. Machine, System, Observer, and Regulator. Source: depiction after Steckelberg (2016, Fig. 3.1)

to ensure the desired organizational function (Malik 1998/2002)—derived from the organizational purpose, which is the raison d'être of an organization (Morgan et al. 2007, pp. 37 ff.). Under these restrictions, how to bring the system under control and ensure the implementation of the organizational purpose simultaneously? Who is responsible to decide when to stop reducing variety of the system, although the system is not under control? Who is responsible to decide when and how to enhance the variety of the regulator? Finally, who is responsible to define the organizational purpose?

Two additional problems arise from the first two.

Problem 3
On the one hand, people, other managers, and employees, are part of the system. The people can help by providing partial solutions to the first two problems. However, they can also disrupt the process of trying to control the system by bringing more variety to it. It seems tempting to use the desire of some of them to

control (a part of) the system by, e.g., reducing visible variety through setting up hierarchies, yet the price for such a decrease is in the reduction of the viewable part of the system. This means that the apparent ease of control appears as a reduction of the real control possibilities as the manager never knows what the invisible part does and what it is about (cf. Problem 1). However, increasing the visible part seems to only be able to increase visible variety, and sometimes managers have no other choice than to reduce their system. In that way, they can reduce the requirements on their own variety (cf. Ashby Law) and gain at least partial control instead of potentially complete chaos. Under these restrictions, how to bring the system under control? Who is responsible to decide when and how to enhance the variety of the regulator instead of reducing the system (cf. Problem 2)? Is it possible to obtain people's self-control in the invisible part of the organization or even in some invisible parts of the machine/the whole?

Problem 4
On the other hand, problems 1 to 3 are creative problems, i.e. their solutions require finding, constructing etc. something new. Therefore, their probably temporary solutions require creative learning (Dörner 1976, p. 10 ff.; Guilford 1965; Runco 2007, p. 15 f.; Steckelberg forthcoming). Increasing the variety and complexity of society and the world as a whole increasingly reduces the lifetime of such temporary solutions and forces more and more continuity and dynamics in their development: This is a challenge that often seems to be too big for just a few heroes and therefore demands the involvement of more and more members of the organization. Thus, additional creative learning requirements and additional variety requirements increase within the organization. This problem is obviously also a creative one. Among others this concludes that creative learning is also required for management. However, who is responsible for creative learning which thrives on variety (Amabile 1996a, b, 1997, 2012a, b, 2013; Amabile et al. 1996; Amabile und Mueller 2008; Amabile und Pillemer 2012; Runco 2007, pp. 164 ff.; Hasselhorn und Gold 2009, pp. 103 ff.; Steckelberg forthcoming)?

3.4   Leadership Appears on Stage

As long as variety of the system is "not that high", i.e. the variety of the manager is much higher than the variety of the system (e. g., due to differences in intellect resulting from different possibilities in education and development; due to physical or mental reducing and self-reducing of the variety accepted by the involved individuals, organizations, and/or society), the managerial way of control seems to be quite a good fit (cf. Ashby Law). For example, in ancient times or in times of slavery in the USA, "managers" seemed to be quite successful in dealing with relatively small groups of slaves (cf., e.g., Cooke 2003). The general acceptance of the master–slave relationship and the physical possibilities of reducing the slave's variety seemed mostly to be sufficient in ensuring desirable control of the system. For larger groups of slaves, the master needed help from "low-rank managers," who were sometimes slaves themselves, to reduce the overall variety of the system, thus reducing the visible part of the system itself (cf., e.g., Cooke 2003). The master could not know what was going on in the entire organization but could control the relatively small system of "low-rank managers" and ensure some gain from the whole. Such signs as less gain, which resulted from allowed and unauthorized appropriation by "low-rank managers" or the loss of slaves through the brutal practices of reducing variety, had to be accepted (cf., e.g., Cooke 2003). Later in history, during the times of Taylor, Ford, and Benz, societal developments led to an increase of individual variety in the members of organizations and a decrease in the physical possibilities for their reduction, which challenged the manager: new methods of reducing variety had to be developed. The era of process management began. At those times, managers could (additionally) ensure their control through clear intellectual dominance resulting mostly from their better possibilities of education and personal development. Creativity in individual workers was not desired. Their primary task was "to do their jobs," and creativity was mostly a privilege of managers and possibly—low-rank managers (cf., e.g., Cooke 2003; Derksen 2014; Wilson 1995). For some decades, the desire for critical thinking, freedom of actions and thoughts, and self-determination have been increasing by growing numbers of societies. Workers have become increasingly knowledge workers, and widespread creativity and innovation as sources for creation and implementation of the organizational strategy (which obviously should be a partial and temporary solution to the Problem 1 formulated above) have been changed from a privilege or advantage to a clear need and increasingly the only source of an organization's survival (c.f., e.g., Neuhauser, Bender and Strombergarold 2001). Management has been more and more stretched to its limits, which resulted in a clear need for leadership. In fact, as already stated, the results like Grandori and Furnari (2008) show clearly that creativity and innovation cannot be boosted by management efforts alone. Management needs leadership. However, the same research shows that leadership still needs management.

Signs of leadership can be traced to the times of first "managerial actions" when "managers", e.g., clan chiefs, generals, consciously or unconsciously supported their "actions" by energizing appeals, increasing the association of their host with the goal of the "managerially" desired victory (cf., e.g., Scheidel 2010).

These were only signs of leadership because those appeals can be seen as an alignment rather than as an orchestration of the system, and also the purpose was so apparently simple that it can hardly be separated from the "managerial goal" (cf. below, cf., e.g., Scheidel 2010). At the times of Ford and Benz, discoveries that founded businesses and technical innovations themselves could apparently create a vision. Leadership, at least to some degree and generated by managers (or leaders?), was already present, although not often being articulated explicitly (cf., e.g., Benz 2013; Wilson 1995; Wood and Wood 2003). It is also not surprising that leadership only became of real interest to science at the beginning of the second half of the twentieth century. Also, it seems to be logical that leadership examples in the times before or at least prior to the beginning of the twentieth century can easily be found in the leaders of political or social movements and the like—beginning with those of the slave uprisings. This kind of organization was characterized by much more democracy and freedom than the societies of the same time period. This increase in democracy and freedom caused more variety in the system, which was at least partly desirable and essential for those organizations' purposes (cf., e.g., Shaw 2001). Today's discussion about the topic of management versus leadership ranges among three positions: (1) accepting management only and rejecting leadership, (2) accepting leadership only and rejecting management, and (3) compromising or uniting with „leaderment," which tries to combine leadership and management. (Gairola 2011; Kotter 1990; Malik 2010, 2013; Mintzberg 1998; Zaleznik 1977).

3.5   The Shift

The segments of the Preparatory Discussion up to this point could also be seen as the pointing toward "leaderment." However, from this point onward, the paper will take a sharp shift. The previous segments have made a foundation for the formulation of explicit definitions of leadership and management, which will be presented in the next segment.

The necessity of this shift appears obvious because the discussion mentioned above covers symptoms and not causes, especially regarding leadership. Instead of grounding leadership in the author's/manager's/leader's personal beliefs, using vague concepts or associations to some role models, compartments with orchestra conductors etc. (Heifetz and Laurie 1997; Kotter 1990; Mintzberg 1998) this article develops a scientifically, partly mathematically and partly empirically based theory of leadership and management. Furthermore, the theory presented in this article is constructive and componential: the raison d'être of leadership and management is presented in corresponding definitions as the particular obligations of both of them within an organizational system.

Scholars previously grounded management through its control function within a complex system of organization and its surroundings (Beer 1959, 1966; Malik 1998/2002). However, empirical research shows that a high performance organization needs high performance in both efficiency and innovation. Moreover, while high performance in efficiency can be achieved through meaningfully designed managerial practices, succeeding with a high level of innovation is more difficult. Meaningfully designed managerial practices are namely necessary but not sufficient for achieving a high level of performance in innovation (Grandori und Furnari 2008). On the other hand, innovation is based on creativity or creative learning by an organization's permanent and temporary members (Amabile 1996a,1997; Amabile und Mueller 2008; Amabile und Pillemer 2012). The article uses these terms synonymously because creativity is in turn based on learning (Amabile 1996b, 2012a, 2013; Amabile and Mueller 2008; Steckelberg 2015, forthcoming) and creative or innovative ideas can also be imposed on an organization from its surroundings. As previously stated, on the other hand, the above formulated fundamental organizational problems (Problems 1–4) are creative problems and therefore need creativity to solve or temporally solve them (Dörner 1976, p. 10 ff.; Guilford 1965; Runco 2007, p. 15 f.; Steckelberg forthcoming). This idea shows that creativity is also necessary for the meaningful design of managerial practices, and so the circle is complete. Thus, on the one hand, leadership being in charge of creative learning depends on meaningfully designed managerial practices (cf. Grandori and Furnari 2008, cf. above). On the other hand, through its obligation to creativity, leadership is itself inevitably necessary to design managerial practices meaningfully (cf. Problem 4). This characteristics—mutual dependence and interconnections—are also in place for other obligations of management and leadership following from their roles in the contexts of complexity and creativity, which will be discussed below.

The need for creativity is also the reason why this article uses the term "obligations" instead of "tasks" or "routine tasks." Tasks or, preciser, routine tasks do not require creativity or creative learning because their solutions and all the steps toward the solutions are already known and predetermined (Dörner 1976, p. 10 ff.; Runco 2007, p. 15 f.; Steckelberg forthcoming).

However, despite the ties described above, management and leadership cannot be seen as one set of practices. Management and leadership are opponents in regards to both the complexity and creativity mentioned above. While leadership tries to boost creativity, which thrives from freedom and variety (Amabile 1996a, b, 1997, 2012a, b, 2013; Amabile et al. 1996; Amabile and Mueller 2008;

Amabile and Pillemer 2012; Hasselhorn and Gold 2009, pp. 103 ff.; Runco 2007, pp. 164 ff.; Steckelberg forthcoming), management restricts both freedom and variety. Reciprocally, while management restricts variety to control the complexity of its practices, such restriction can be harmful for creative learning and therefore calls for a reactive response by leadership. The discussion below also shows how those differences can be regulated with the help of research results in psychology and the educational sciences.

Finally, the present paper describes how conceptions of management and leadership—especially leadership—relate to individual perceptions. Those individual perceptions are based on implicit theories which combine internalized assumptions, beliefs, expectations, and aspirations (Albrecht 2006; Häcker and Stapf 2009; Lang 2014; Mühlbacher 2003; Six 2009; Six and Six-Materna 2006). Consequently, the article describes how leadership relates to assumptions, beliefs, expectations, and aspirations on the individual level and culture, aesthetics, and perception of harmony on the global level. Therefore, while giving a scientifically based foundation to leadership, "one of the most observed and least understood phenomena on the earth" (Burns 1978, p. 2) and bringing rationality to leadership—a feature presumed to be the distinguishing characteristic of management (Zaleznik 1977, 1981, 1992, 2004a,b),—the article simultaneously shows how leadership relates to culture, aesthetics, and perception of harmony. Consequently, this article exposes the truly systemic and holistic nature of leadership and connects "traditional, intellectually oriented and positivistic leadership approaches" (Ropo und Sauer 2008) to those grounded in the arts, sports, and philosophy. Didactically, this rational foundation of leadership and its relations to aesthetics and the arts can be used for a rational description of the concept of leadership and its relations to mostly positivistic and quantitatively educated corporate managers. This rational description of leadership could help persuade managers to engage in arts and aesthetics oriented approaches in leadership education. Along with rationality oriented educational methods, such holistic education could enable managers to implement more systemic and holistic leadership approaches in their organizations. Socioculturally, the strong relation of leadership to and its dependence on (social) culture can also be used for grounding the (strong) role of ethics in organizations.

References

Albrecht, B. (2006). Implizite Führungstheorien in der empirischen Forschung – eine Untersuchung empirischer Studien zu impliziten Führungstheorien. Diplomarbeit. Professur für Organisation und Arbeitswissenschaft, Chemnitz University of Technology, Germany. https://www.tu-chemnitz.de/wirtschaft/bwl5/forschung/publikationen/downloads/schriften/pdf/12.pdf Accessed 27 April 2017.

Amabile, T. M. (1996a). Creativity and innovation in organizations. Paper 9-396-239, Harvard Business School, Boston, MA.

Amabile, T. M. (1996). *Creativity in context: Update to the social psychology of creativity.* Boulder, CO: Westview Press.

Amabile, T. M. (1997). Motivating creativity in organizations: On doing what you love and loving what you do. *California Management Review, 40*(1), 39–58.

Amabile, T. M. (2012a). Componential theory of creativity. Working Paper 12-096, Harvard Business School, Boston, MA.

Amabile, T. M. (2012b). Big C, Little C, Howard, and Me: Approaches to understanding creativity. Working Paper 12-085, Harvard Business School, Boston, MA.

Amabile, T. M. (2013). Componential theory of creativity. In E. Kessler (Hrsg.), *Encyclopedia of management theory* (S. 135–140). Thousand Oaks, CA: SAGE Publications.

Amabile, T. M., Conti, R., Coon, H., Lazenby, J., & Herron, M. (1996). Assessing the work environment for creativity. *Academy of Management Journal, 39*(3), 1154–1184.

Amabile, T. M., & Mueller, J. S. (2008). Studying creativity, its processes, and its antecedents: An exploration of the componential theory of creativity. In J. Zhou & C. E. Shalley (Hrsg.), *Handbook of organizational creativity* (S. 33–64). New York: Lawrence Erlbaum Associates.

Amabile, T. M., & Pillemer, J. (2012). Perspectives on the social psychology of creativity. *Journal of Creative Behavior, 46*(1), 3–15.

Ashby, W. R. (1956). *An introduction to cybernetics.* London: Chapman & Hall.

Beer, S. (1959). Cybernetics and management. New York: Wiley.

Beer, S. (1966). *Decision and control.* New York: Wiley.

Bennis, W. G., & Nanus, B. (1985). *Leaders: The strategies for taking charge.* New York: Harper & Row.

Benz, C. (2013). Carl Benz: Lebensfahrt eines deutschen Erfinders. Autobiographie: Aus Fraktur übertragen. Vollständige überarbeitete Neuausgabe. Hamburg: SEVERUS Verlag.

Burns, J. M. (1978). *Leadership.* New York: Harper & Row.

Cooke, B. (2003). The denial of slavery in management studies. *Journal of Management Studies, 40*(8), 1895–1918.

Derksen, M. (2014). Turning men into machines? Scientific Management, industrial psychology, and the "Human Factor". *Journal of the History of the Behavioral Sciences, 50*(2), 148–165.

Dörner, D. (1976). *Problemlösen als Informationsverarbeitung.* Stuttgart, Berlin, Cologne, Mainz: Kohlhammer.

Gairola, A. (2011). Leadership + Management = Leaderment. *Harvard Business Manager, 33*(2), 104–110.

Guilford, J. P. (1965). Frames of reference for creative behavior in the arts. Conference on creative behavior in the arts, UCLA, Los Angeles, CA.

Grandori, A., & Furnari, S. (2008). A chemistry of organization: Combinatory analysis and design. *Organization Studies, 29*(3), 459–485.

Hasselhorn, M., & Gold, A. (2009). *Pädagogische Psychologie. Erfolgreiches Lernen und Lehren.* Stuttgart: Kohlhammer.

Häcker, H. O., & Stapf, K.-H. (Hrsg.). (2009). *Dorsch Psychologisches Wörterbuch. 15, überarbeitete und* (erweiterte). Bern: Huber.

Heifetz, R. A., & Laurie, D. L. (1997). The work of leadership. Harvard Business Review, 75(1), 124–34.

Kotter, J. P. (1990). What leaders really do? *Harvard Business Review, 68*(3), 103–111.

Kotter, J. P. (2001). What leaders really do? *Harvard Business Review, 79*(11), 85–96.

Lang, R. (2014). Implizite Führungstheorien: „Führung im Auge des Betrachters". In R. Lang & I. Rybnikova (Hrsg.), *Aktuelle Führungstheorien und -konzepte* (S. 57–88). Wiesbaden: Springer Gabler.

Malik, F. (1998/2002). Komplexität – was ist das? Erschienen 1998. www.managementkyber netik.com/Cwarel Isaf Institute 2002.

Malik, F. (2010). *Richtig denken – wirksam managen: Mit klarer Sprache besser führen.* Frankfurt/New York: Campus .

Malik, F. (2013). *Management: Das A und O des Handwerks.* Frankfurt/New York: Campus .

Mintzberg, H. (1998). Covert leadership: Notes on managing professionals. *Harvard Business Review, 76*(6), 140–148.

Morgan, M., Levitt, R. E., & Malek, W. (2007). *Executing your strategy: How to break it down and get it done.* Boston: Harvard Business Review Press.

Mühlbacher, J. (2003). *Rollenmodelle der Führung – Führungskräfte aus der Sicht der Mitarbeiter* (1. Aufl.). Wiesbaden: Deutscher Universitäts-Verlag.

Neuhauser, P.C., Bender, R., & Strombergarold, K. (2001). Culture.com: Building corporate culture in the connected workplace. New York: Wiley.

Ropo, A., & Sauer, E. (2008). Dances of leadership: Bridging theory and practice through an aesthetic approach. *Journal of Management & Organization, 14*(05), 560–572.

Runco, M. A. (2007). *Creativity – Theories and themes: Research, development, and practice.* Burlington, MA, San Diego, CA, London: Elsevier Academic Press.

Scheidel, W. (Hrsg.). (2010). *Rome and China: Comparative perspectives on ancient world empires (Oxford Studies in Early Empires).* New York: Oxford University Press.

Shaw, B. D. (2001). *Spartacus and the slave wars. A brief history with documents.* Boston: Bedford/St. Martin's.

Six, B. (2009). Implizite Persönlichkeitstheorie. In H. O. Häcker & K.-H. Stapf (Eds.). Dorsch Psychologisches Wörterbuch. 5., überarbeitete und erweiterte Auflage, S. 460Bern: Huber.

Six, B., & Six-Materna, I. (2006). Naive Theorien. In H.-W. Bierhoff & D. Frey (Hrsg.), *Handbuch der Sozialpsychologie und Kommunikationspsychologie* (S. 322–329). Göttingen: Hogrefe .

Steckelberg, A. V. (2011). *Stärkung der Lernkultur in Unternehmen: Entdeckung von Potenzialen des PMBOK®.* Wiesbaden: Gabler/Springer Research/Springer Fachmedien.

Steckelberg, A. V. (2015). Orchestrating a creative learning environment: Design and scenario work as a coaching experience – How educational science and psychology can help design and scenario work & vice-versa. *Futures, 74,* 18–26.

Steckelberg, A. V. (2016). Komponenten-Theorie kreativen Lernens und Fallstudien – Brücken zwischen Theorie und Praxis oder über den sportlichen Umgang mit didaktischen Herausforderungen. In A. V. Steckelberg & A. Kiel (Eds.). Kreativität im Sport. Kreative Fallstudien für die praxisnahe Lehre. Wiesbaden: Springer VS/Springer Nature.

Steckelberg, A. V. (forthcoming). Coaching as facilitation of creative learning. (German: Coaching als Förderung kreativen Lernens), Habilitation treatise accepted by Faculty of

Humanities and Social Sciences, Karlsruhe Institute of Technology, Karlsruhe, Germany / to be published as a book in Springer VS/Springer Nature.

Wilson, J. M. (1995). Henry Ford's just-in-time system. *International Journal of Operations & Production Management, 15*(12), 59–75.

Wood, J. C., & Wood, M. C. (2003). *Henry Ford: Critical evaluations in business and management.* London, UK and New York, NY: Routledge.

Zaleznik, A. (1977). Managers and leaders: Are they different? *Harvard Business Review, 55*(3), 67–78.

Zaleznik, A. (1981). Managers and leaders: Are they different? *Journal of Nursing Administration, 11*(7), 25–31.

Zaleznik, A. (1992). Managers and leaders: Are they different? *Harvard Business Review, 72*(2), 126–135.

Zaleznik, A. (2004). Managers and leaders: Are they different? *Harvard Business Review, 82*(1), 74–81.

Zaleznik, A. (2004). Managers and leaders: Are they different? *Clinical Leadership & Management Review, 18*(3), 171–177.

Definitions

4

Derived from the segments of the Preparatory Discussion, management can be defined as a meaningful complex of tools, actions, and interventions aimed toward the reduction and (re-)allocation of a system's (visible) variety to support the definition of and ensure the implementation of the organizational purpose. Leadership can subsequently and complementarily be defined as a meaningful complex of tools, actions, and interventions aimed toward:

- defining organizational purpose,
- increasing individual variety,
- increasing understanding of the whole,
- boosting creative learning, and
- orchestrating the system (orchestration) (Fig. 4.1).

© Der/die Autor(en), exklusiv lizenziert durch Springer Fachmedien
Wiesbaden GmbH, ein Teil von Springer Nature 2021
A. Steckelberg et al., *Leadership & Management*,
https://doi.org/10.1007/978-3-658-32987-7_4

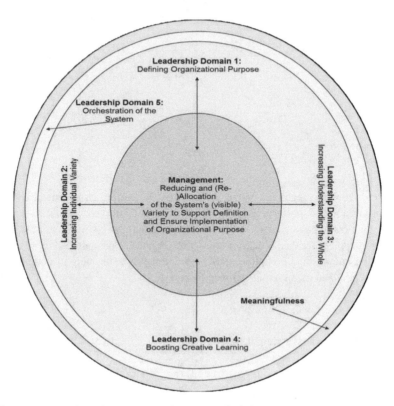

Fig. 4.1 Leadership and management. *Source* own depiction

Discussion 5

5.1 Remarks

In the definition of management mentioned, (re-)allocation also includes such actions as the acquisition and/or exchange of different materials, goods, machines, devices, etc.; and the recruitment and dismissal of personnel, etc. The gist of those actions is to exchange one kind of variety to other kind of variety. Also, money has to be managed, invested, etc., and therefore also represents a kind of variety.

5.2 Meaningfulness

All the tools, actions, and interventions have to be used meaningfully. That means, for example, on the one hand, management has to allow some variety to implement the organizational purpose (cf. Problem 2 above). On the other hand, possibly as little variety has to be allowed as the manager can control through her or his own variety, which includes using such tools as hierarchical allocation. Using those tools, the manager acts partly as regulator and partly as observer simultaneously shrinking the system (cf. Problem 3 above). Also, as discussed previously, the implementation of tools like hierarchical allocation has to be meaningful. The manager has to decide which part of the system—visible prior to the implementation of the tool—she or he is willing to sacrifice and at what cost.

Leadership interventions and actions also have to be meaningful. Defining purpose means to consider both the results of the actions, which increase understanding of the whole, as well as the results of managerial activities, which support the definition of the purpose. Also, defining and communicating the organizational vision is not a leadership routine, and it has to be done as part of the

© Der/die Autor(en), exklusiv lizenziert durch Springer Fachmedien Wiesbaden GmbH, ein Teil von Springer Nature 2021
A. Steckelberg et al., *Leadership & Management*,
https://doi.org/10.1007/978-3-658-32987-7_5

orchestrating the system interventions. As shown previously, sometimes the purpose itself is powerful enough to energize the organization toward its fulfillment. Additional actions for its promotion such as proclamation and "advertisement" of a formal vision can in that case be disturbing.

5.3   Differences

While management is directed by the states of variety or the system's stability in conjunction with organizational purpose fulfillment, leadership is widely driven by perception. Indeed, defining organizational purpose does not seem to be a solely rational action. As soon as it were a solely rational action, it could be given to management. However, people seem to make apparently irrational choices establishing NGOs and not-for-profit organizations, donating money, or establishing and continuing businesses that have seemingly no chance on the market and sometimes emerge as the most profitable companies. Rational from the perspective of the persons mentioned in the previous sentence, those actions can appear irrational to others. Increasing the managers' own variety seems, on the contrary, to be a very rational intervention. However, the acquisition of new competences and new perspectives can also, e. g., bring a slave owner to the decision to free her or his slaves and therefore make the system out of control. Increasing other members' variety is apparently (at least from the managerial perspective) widely irrational but it can be inevitably necessary in conjunction with an increasing understanding of the whole, which again is widely perception driven. Indeed, increasing understanding of the whole has to be conceived holistically, on all levels and in all dimensions—also regarding time, including understanding the future. No one can predict the future, but through sharpening their own perception, an organization's members can construct realistic or possible scenarios and so prepare their organization for the future (Ramírez et al. 2013; Ramirez and Selin 2014; Schoemaker 1993; Schwartz 1996; Van der Heijden 2005). Also, boosting creative learning and orchestrating the system are mostly driven by perception. To illustrate this idea, discussions of interdependencies (see below for creative learning) as well as of alignment and orchestration (see below for orchestration) have to be done first. However, all leadership actions are therefore also driven by rationality—seeing from the perception perspective. Educational science and psychology can reveal this rationality through related research and consequently can help to conceive this perspective and rationality.

5.4   Interdependencies

In addition to the discussion in the section "The Shift," the example of leadership meaningfulness in the section above shows that management and leadership have many interdependencies to be meaningfully fulfilled. While for management, a relatively straightforward formula—as much as needed, as little as possible—seems to be in place, the situation with leadership appears mainly to be more complex. Indeed, the task of management is meaningful reduction and (re-)allocation of the system's (visible) variety to support the definition of and ensure the implementation of the organizational purpose. Meaningfulness means that after the system has been brought under control—through managerial actions or through self-organization—no further actions have to be implemented as long as the condition of control is in place. Due to its obligation for increasing understanding of the whole, leadership is more proactive than management. That means, leadership also cannot stop its actions under conditions of control. That can also be said about other described leadership obligations which—with the exception of orchestration—can be seen as parts of "increasing understanding of the whole." However, regarding the results of the leadership actions and interventions mentioned above, their communication has to be clearly seen as one of the necessary leadership actions too. In turn, consideration and assessment of the results is an absolute must on the managerial side. New data and their ramifications on the system have to be managerially assessed, and decisions on further managerial actions have to be made. Therefore, in the scenario example in the section "Differences" the creation of scenarios is a leadership action aimed toward increasing understanding of the whole. In contrast, the assessment of the scenarios and derivation of the following actions are managerial actions. The requirements regarding communication, assessment, and consideration of the other side's results also apply to leadership. It is self-evident that the communication of results and their consideration on the other side are part of managerial and leadership actions, respectively, they have to be done practically in parallel to every action on both sides. This condition follows already from the meaningfulness requirements.

Two situations seem to be especially of interest regarding the interdependencies between management and leadership: boosting creative learning as well as creating and forming organizational culture. The second topic will be discussed in the section "Closing remarks" below. As to creative learning, the (re-)allocation of resources—as part of variety (re-)allocation—is still a managerial intervention. Here, leadership action is in the formulation of boundaries for such managerial interventions. As always, this leadership action has to be driven from the perception of the organization's members. Leadership intervention starts here with understanding this perception and ends with the formulation of boundaries of reduction and (re-)allocation, which have to be managerially considered to allow creative learning to flourish. This is effective for all corresponding efforts—probably with the exception of general actions like the general encouragement of creative learning, which is obviously solely a leadership intervention (Amabile 1996, 1997, 2012a, 2013; Amabile et al. 1996). That is why "orchestration of a creative learning environment" can be synonymously used instead of "boosting creative learning" (Steckelberg 2015, forthcoming). However, meaningfulness means that one of the possible management reactions after the formulation of the boundaries mentioned above could be informing "leadership side" that not enough resources are available. On the one hand, this reaction has to occur after meaningful managerial consideration. On the other hand, this reaction has to be meaningfully considered on the leadership side. Following from the obligation toward orchestration, the consequences could be diverse, and also changes of purpose might be considered.

5.5 Alignment and Orchestration

Alignment—especially alignment with the organizational strategy derived from the organizational purpose—is a powerful managerial tool to use toward indirect variety reduction. In a democratic society with a high value and demand for personal freedom and autonomy, critical thinking, and self-fulfillment, alignment seems to be one of the most acceptable ways for realizing the managerial obligations described above. Also, managerial guidebooks praise alignment as a universal weapon following encouraging research results (Morgan et al. 2007). Even for such creative learning related fields as R&D research, results can show the clear positive effects of alignment (Jaruzelski et al. 2014).

Orchestration is the leadership counterpart to alignment. As a leadership tool, orchestration is perception driven, bringing actions, environments and/or situations and their perceptions by persons belonging to the system into harmony. As an example, increasing personal variety in the way of reacting differently to different kinds of employees or different situations or environments is required from a superior by some leadership or organizational theories (Hersey and Blanchard 1969a, b, 1977; Joiner and Josephs 2007; Rooke and Torbert 2005). This kind of behavior can be criticized in at least the three following ways. Firstly, it is difficult for the superiors in question to acquire such flexible skills. Secondly, treating employees differently can irritate them. Thirdly, the irritation is practically inevitable if the behavior of the superior is perceived to be unauthentic.

While the acquisition of such flexible skills is difficult, making a habit of using them authentically seems to be even more difficult and an art in itself. Although, this kind of behavior appears to be useful, at least under some circumstances and within certain limitations (cf. Graeff 2000). On the second look the behavior described above is a difficult mix of the management and leadership approaches. E.g., Hersey and Blanchard (1969a, b, 1977) which were the first coming up with such "leadership" strategy obviously did not really meant leadership thereby. Their suggestion was to treat employees differently depending on their skills and behavior with strong direct control of new, unskilled employees or those showing undesirable behavior, through less control as soon as employees become more and more skilled and show more and more desirable behavior, to practically no control of "mature" employees doing that "what they should do". On the one hand, it is a typical management attitude to try to control a system and to do that with as less resources as possible (cf. above). Here the described employee is the system in question and the superior reduces his or her control attempts as soon as the system becomes more stable. On the other hand, irritation of employees and their possible perception about their superior of being unauthentic as potential critique of the approach are obviously irrelevant from the management prospective. Simultaneously, the critique of the approach above shows what the orchestration in the situation is all about. Orchestration in such a context means finding the right balance between such (managerial) needs and the perception and expectations of employees while acting flexibly and authentically at the same time.

Another example of how orchestration works can be seen in the context of boosting creative learning or the orchestration of a creative learning environment. Stress seems to be one of the primary creativity killers. Familiar and famous examples of creative achievements under stress, which simultaneously serve as counterexamples to the apparent truism above, are often overlooked. For example, emergency physicians and nurses effectively achieve creative results on a daily basis—sometimes under extreme time pressure. Every moment, they have to reckon with patients with unknown symptoms or ones who do not respond adequately to established treatment methods and urgently need treatment simultaneously. Sometimes it is a question of life and death. A further example, derives from the flight of Apollo 13 to the moon in 1970. As is generally known, there was an explosion on board during the flight in which the air filtering system was damaged. If the system were not repaired within a few hours, the astronauts on board would not survive. Engineers from NASA tried to find a solution under enormous time pressure so that the crew could construct a kind of compensational filter system out of materials available on board. Different materials were considered and tried, including the flight procedure manual. In the end, a solution was found. It was probably not perfect, but it was good enough to save the astronauts' lives (Amabile et al. 2002). While research seems to show a different impact of stress on creativity under different circumstances (Amabile 1983; Amabile et al. 1996, 2002; Andrews and Farris 1972; Andrews and Smith 1996; Kelly and McGrath 1985), the results within modern industrial or operational settings seem to be definitive: In general, stress suppresses creativity. It is especially the case as soon as employees have no clear goal and/or perceive the goal to not be in harmony with their situation and/or environment. They feel like they are on a treadmill. Interestingly, stress has the effect of being an additional distractor in such situations, which causes employees to perceive the situation as even more stressful as it is due to objective data. As soon as employees have a clear goal and perceive this goal and the situation and/or environment to be in harmony, the results are entirely different. In such situations, the employees involved perceive the goal as reasonably urgent. The employees feel like they are on a mission. Thereby, the understanding and clarity of the goal is additionally being reinforced. Diverse distractors can be ignored. Stress is perceived as a positive challenge and strengthens creative learning. Research results regarding stress-free or low-stress situations—called autopilot and expedition, respectively—were also similar. (Amabile et al. 2002a, b; Steckelberg forthcoming).

Leadership's action of orchestration in a stressful situation begins with clarifying or even predicting the perception of the involved system's members to differentiate situations of mission and of treadmill. As long as the goal and the stress are justified, treadmill situations have to and can be avoided through strengthening the goal and harmonizing it with the situation and the environment.

5.6 Closing remarks

The last example above also shows that even managerial goals have much more to do with behavior and creative learning as some previous papers have acknowledged (e.g., Zaleznik 1977, 1981, 1992, 2004a, b). That is why leadership cannot be solely defined as or through behavioral actions or actions toward (change of) behavior and management cannot be solely defined as or through actions toward achieving goals (cf. Kotter 1990, 2001). The examples above show that both management and leadership (sometimes) have to do with goals and have tangible and also intangible or behavior-related impacts. Therefore, they have to work hand in hand. As seen above, leadership is more perception driven and as such sometimes seemingly irrational at the first view. However, the examples above

show that much rationality is and has to be within leadership actions and interventions. Seemingly invisible, this rationality is to be reviled, applying principles
of psychology and didactics.

Working hand in hand also means that both leadership and management work
together on forming organizational culture. For example, for the sake of illustration, in Schein's model of organizational culture (cf. Fig. 5.1), in the context of
the discussion above, it can be clearly seen that management's actions are driven
significantly from the first, artificial level. E. g., through declared "values and
beliefs" management can define norms of managerially desired behavior. However, those visible artifacts of organizational culture are also in communication
with employees, customers, partners, and other stakeholders of an organization.

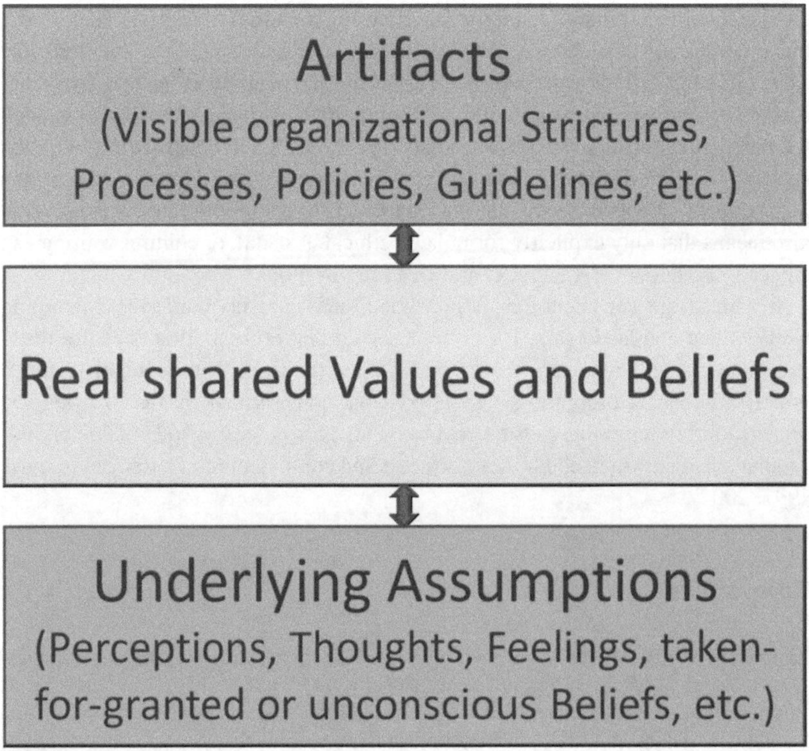

Artifacts
(Visible organizational Strictures, Processes, Policies, Guidelines, etc.)

⇕

Real shared Values and Beliefs

⇕

Underlying Assumptions
(Perceptions, Thoughts, Feelings, taken-for-granted or unconscious Beliefs, etc.)

Fig. 5.1 Schein's model of organizational culture. *Source* depiction based on Schein (2004, pp. 25 ff.)

In that way, they have an effect on the second and third level. On the contrary, leadership actions are driven by second and third levels of organizational culture. Leadership possibly has to understand and/or even has to anticipate the perceptions and expectations in the organization and surroundings. However, leadership actions also finish at the first level, at least through their impact on further managerial actions. Only by working together, actions and interventions on both sides can be implemented meaningfully—regardless of the question, whether the decision is to preserve or change the organizational culture. This observation also stresses the view of "change" as a solely or even characteristic "leadership task" (cf. Kotter 1990, 2001).

Working hand in hand and having tangible and intangible effects for management and leadership also means that there is a priori no "good side" and/or "bad side." Leadership, which works toward orchestration and is driven by perceptions, had practically nothing to do on the farms during the times of slavery. That is why this time period's leadership examples can rather be found in other situations like slave uprisings (cf. above). Later and currently leadership plays through its orchestration actions a compensational role to bring organizational life in harmony with the perceptions of its members and other stakeholders and consequently with the societal situation. From this point of view, leadership is not better or worse than management, and its implementation has to be different in different societies. That also means that only explicitly formulated ethical, societal, or cultural volition can author more human, democratic, and free organizations.

To stress the consideration of no "good side" and no "bad side" regarding management and leadership, it can be observed that orchestration does not mean just bringing an organization into harmony with itself. The problem is much broader: It means bringing the system in harmony, which means to bring the organization in harmony with its environment. This process also contains organizational change, which can be very difficult and conflictual (cf. Heifetz and Laurie 1997, 2001).

References

Amabile, T. M. (1983). The social psychology of creativity: A componential conceptualization. *Journal of Personality and Social Psychology, 45*(2), 357–376.

Amabile, T. M. (1997). Motivating creativity in organizations: On doing what you love and loving what you do. *California Management Review, 40*(1), 39–58.

Amabile, T. M., Conti, R., Coon, H., Lazenby, J., & Herron, M. (1996). Assessing the work environment for creativity. *Academy of Management Journal, 39*(3), 1154–1184.

Amabile, T. M., Hadley, C. N., & Kramer, S. J. (2002a). Creativity under the gun. *Harvard business review, 80*(8), 52–61.

Amabile, T. M. (2013). Componential theory of creativity. In E. Kessler (Hrsg.), *Encyclopedia of management theory* (S. 135–140). Thousand Oaks, CA: SAGE Publications.

Amabile, T. M. (1996). Creativity and innovation in organizations. Paper 9-396-239, Harvard Business School, Boston, MA.

Amabile, T. M. (2012). Componential theory of creativity. Working Paper 12-096, Harvard Business School, Boston, MA.

Amabile, T. M., Mueller, J. S., Simpson, W. B., Hadley, C. N., Kramer, S. J. and Fleming, L. (2002b). Time Pressure and Creativity in Organizations: A Longitudinal Field Study. Working Paper 02–073, Harvard Business School, Boston, MA.

Andrews, F. M., & Farris, G. F. (1972). Time pressure and performance of scientists and engineers: A five-year panel study. *Organizational Behavior and Human Performance, 8*(2), 185–200.

Andrews, J., & Smith, D. C. (1996). In search of the marketing imagination: Factors affecting the creativity of marketing programs for mature products. *Journal of Marketing Research, 33,* 174–187.

Graeff, C. L. (2000). Thorny issues impacting leadership development activities. *Proceedings of the American Society of Business and Behavioral Sciences, 7*(3), 320–331.

Heifetz, R. A., & Laurie, D. L. (1997). The work of leadership. *Harvard business review, 75*(1), 124–134.

Heifetz, R. A., & Laurie, D. L. (2001). The work of leadership. *Harvard business review, 79*(11), 131–141.

Hersey, P., & Blanchard, K. H. (1969). *Management of organizational behavior*. Englewood Cliffs, NJ: Prentice-Hall.

Hersey, P., & Blanchard, K. H. (1969). Life cycle theory of leadership. *Training & Development Journal, 23*(5), 26–34.

Hersey, P., & Blanchard, K. H. (1977). *Management of organizational behavior: Utilizing human resources* (3. Aufl.). Englewood Cliffs, NJ: Prentice Hall.

Jaruzelski, B., Staack, V., & Goehle, B. (2014). Global innovation 1000: Proven paths to innovation success. Innovation, 77.

Joiner, W. B., & Josephs, S. A. (2007). *Leadership agility: Five levels of mastery for anticipating and initiating change*. San Francisco, CA: Jossey-Bass/John Wiley & Sons.

Kelly, J. R., & McGrath, J. E. (1985). Effects of time limits and task types on task performance and interaction of four-person groups. *Journal of Personality and Social Psychology, 49*(2), 395–407.

Kotter, J. P. (1990). What leaders really do? *Harvard Business Review, 68*(3), 103–111.

Kotter, J. P. (2001). What leaders really do? *Harvard Business Review, 79*(11), 85–96.

Morgan, M., Levitt, R. E., & Malek, W. (2007). *Executing your strategy: How to break it down and get it done*. Boston: Harvard Business Review Press.

Ramirez, R., & Selin, C. (2014). Plausibility and probability in scenario planning. *Foresight 16*(1), 54–74.

Ramírez, R., Österman, R., & Grönquist, D. (2013). Scenarios and early warnings as dynamic capabilities to frame managerial attention. *Technological Forecasting and Social Change, 80*(4), 825–838.

Rooke, D., & Torbert, W. R. (2005). Seven transformations of leadership. *Harvard Business Review, 83*(4), 66–76.

Schein, E. H. (2004). Organizational culture and leadership, 3rd Edition, San Francisco, CA: Jossey-Bass/Wiley.

Schoemaker, P. J. H. (1993). Multiple scenario development: Its conceptual and behavioral foundation. *Strategic Management Journal, 14*(3), 193–213.

Schwartz, P. (1996). *The art of the long view: Scenario planning – Protecting your company against an uncertain future.* Chichester: Wiley .

Steckelberg, A. V. (2015). Orchestrating a creative learning environment: Design and scenario work as a coaching experience – How educational science and psychology can help design and scenario work & vice-versa. *Futures, 74,* 18–26.

Steckelberg, A. V. (forthcoming). Coaching as facilitation of creative learning. (German: Coaching als Förderung kreativen Lernens), Habilitation treatise accepted by Faculty of Humanities and Social Sciences, Karlsruhe Institute of Technology, Karlsruhe, Germany/to be published as a book in Springer VS/Springer Nature.

Van der Heijden, K. (2005). *Scenarios: The art of strategic conversation.* Chichester: Wiley .

Zaleznik, A. (1977). Managers and leaders: Are they different? *Harvard Business Review, 55*(3), 67–78.

Zaleznik, A. (1981). Managers and leaders: Are they different? *Journal of Nursing Administration, 11*(7), 25–31.

Zaleznik, A. (1992). Managers and leaders: Are they different? *Harvard Business Review, 72*(2), 126–135.

Zaleznik, A. (2004a). Managers and leaders: Are they different? *Harvard Business Review, 82*(1), 74–81.

Zaleznik, A. (2004b). Managers and leaders: Are they different? *Clinical Leadership & Management Review, 18*(3), 171–177.

Short Summary and How Leadership Should Be Taught and Learned

As proposed above, this paper has developed a scientifically, partly mathematically and partly empirically based constructive and componential theory of leadership and management, and therefore, it has exposed the fundamental rationality of both phenomena. Simultaneously, it showed that leadership is perception driven, and therefore, it is driven by individual assumptions, beliefs, expectations, and aspirations, which means, it is driven by culture, aesthetics and perception of harmony. On the one hand, this conclusion emphasizes the role of ethics in establishing socially desired organizational characteristics. On the other hand, this result calls for holistic leadership education. On the one hand, to establish and practice a holistic leadership approach, leaders have to have a deep scientifically based understanding of problem solving methods and possibilities in every single domain of leadership:

- defining organizational purpose,
- increasing individual variety,
- increasing understanding of the whole,
- boosting creative learning, and
- orchestrating the system (orchestration).

On the other hand, through arts and aesthetics oriented methods in leadership education, leaders can train their own perception and understanding of harmony and aesthetics. The latter characteristics not only help to make leadership decisions better and quicker but are inseparably connected with leadership as a whole and with every one of its single domains mentioned above. This conclusion follows from the discussion above, whereby the implementation of ideas can be found in artistic, design, cultural, and philosophic oriented research on leadership

© Der/die Autor(en), exklusiv lizenziert durch Springer Fachmedien Wiesbaden GmbH, ein Teil von Springer Nature 2021
A. Steckelberg et al., *Leadership & Management*,
https://doi.org/10.1007/978-3-658-32987-7_6

and its domains (e.g., Adler 2011; Eidinow and Ramirez 2012; Kersten 2008; Ladkin 2008, 2011; Ramirez 1987, 1991, 1996, 2005; Ramirez and Arvidsson 2005; Ramirez and Ravetz 2011; Ropo and Sauer 2008; Strati 1999, 2010; Taylor and Hansen 2005). However, this article shows that only a systemic and holistic approach to leadership education can ensure the establishment of systemic and holistic leadership approaches in organizations. In this manner, the term "leadership culture" also becomes a very holistic one, showing all the relations of leadership to different meanings of the term "culture."

Through its constructive approach to developing theory, the present paper can easily give an answer to the question of whether companies need manager-leaders, leader-managers or superiors who can do both—management and leadership—equally well, which arose, not first, through the idea of "leaderment" (cf. Gairola 2011). The answer is,—as it so often is—"It depends." It depends on the organization and its single entities and functions. It depends on how the organization and its functions are related to complexity and creativity. Finally, it depends on the society or societies in which the organization operates. Nevertheless, due to the theory developed in this article, the importance of leadership will be growing because the rate of "knowledge workers" and/or employees involved in solving creative problems continues to increase. It remains to be seen if a newly arisen type of "company without managers" (Laloux 2014; Robertson 2015) will follow through with its organizational form and lead to the spread of such holacratic organizations. However, those developments would also not mean a disappearance of management. In such cases, management would be spread—socialized—within an organization. Such developments, however, would inevitably increase the role of leadership (arguably, also socialized), especially in its orchestration domain. More organizational members will need a broad leadership education. This observation explains why time is not to be wasted—the development of truly holistic leadership education is urgently demanded—right now.

References

Adler, N. J. (2011). Leading beautifully: The creative economy and beyond. *Journal of Management Inquiry, 20*(3), 208–221.

Eidinow, E., & Ramirez, R. (2012). "The Eye Of The Soul": Phronesis and the aesthetics of organizing. *Organizational Aesthetics, 1*(1), 26–43.

Gairola, A. (2011). Leadership + Management = Leaderment. *Harvard Business Manager, 33*(2), 104–110.

Kersten, A. (2008). When craving goodness becomes bad: A critical conception of ethics and aesthetics in organizations. *Culture and Organization, 14*(2), 187–202.

Ladkin, D. (2008). Leading beautifully: How mastery, congruency and purpose create the aesthetic of embodied leadership practice. *The Leadership Quarterly, 19*(1), 31–41.

Ladkin, D. (2011). The art of "Perceiving Correctly": What artists can teach us about moral perception. *Tamara: Journal for Critical Organizational Inquiry, 9*(3–4), 91–101.

Laloux, F. (2014). *Reinventing organizations: A guide to creating organizations inspired by the next stage in human consciousness.* Brussels: Nelson Parker.

Ramirez, R. (1987). Towards an aesthetic theory of social organization. Unpublished doctoral dissertation, Social Systems Science Department, The Wharton School, University of Pennsylvania, PA

Ramirez, R. (1991). *The beauty of social organisation (Studies of action and organization).* Munich: Accedo Verlagsgesellschaft.

Ramirez, R. (1996). Wrapping form and organisational beauty. *Organisation, 3*(2), 233–242.

Ramirez, R. (2005). The aesthetics of cooperation. *European Management Review, 2*(1), 28–35.

Ramirez, R., & Arvidsson, N. (2005). The aesthetics of business innovation: An experiencing 'internal process' versus 'external jolts'. *Innovation: Management, Policy & Practice, 7*(4), 373–88.

Ramirez, R., & Ravetz, J. (2011). Feral futures: Zen and aesthetics. *Futures, 43*(4), 478–487.

Robertson, B. J. (2015). *Holacracy: The revolutionary management system that abolishes hierarchy.* London: Penguin.

Ropo, A., & Sauer, E. (2008). Dances of leadership: Bridging theory and practice through an aesthetic approach. *Journal of Management & Organization, 14*(05), 560–572.

Strati, A. (1999). *Organization and aesthetics.* London: Sage Publications.

Strati, A. (2010). Aesthetic understanding of work and organizational life: Approaches and research developments. *Sociology Compass, 4*(10), 880–893.

Taylor, S. S., & Hansen, H. (2005). Finding form: Looking at The Field Of Organizational Aesthetics. *Journal of Management Studies, 42*(6), 1211–1231.

Teil II
Leadership & Management Integration von ästhetik-basiertem und kreativem Lernen in die (Nachwuchs-) Führungskräfteentwicklung

Im Rahmen der Auseinandersetzung mit der Führungsthematik werden Wissenschaftler und Studierende sowie Praktiker – Führungs- und Fachkräfte – mit einer Fülle unterschiedlichster Positionen konfrontiert. Das Ausmaß an themenbezogener disziplinübergreifender Literatur ist extrem hoch. In Bezug auf den Arbeitskontext scheinen dabei besonders die Führungsformen Leadership und Management eine Rolle zu spielen. Dabei bleibt Leadership „one of the most observed and least understood phenomena on the earth" (Burns 1978, S. 2; vgl. auch Steckelberg 2017a). Um eine theoretische Basis hinsichtlich dieser Thematik zu schaffen – die auch als Basis für weitere Forschung bzw. intendierte Transfers in die Praxis verwendet werden kann – bedarf es einer ganzheitlichen Theorie über Leadership und Management. Die umfassendste Definition des Managements liefert dabei die Managementkybernetik. Ausgehend von dieser Definition des Managements hat Steckelberg () eine Definition von Leadership herausgearbeitet, sodass insgesamt eine ganzheitliche Theorie über Leadership und Management entsteht. Die von Steckelberg () entwickelte Theorie belegt dabei eine enge Verbindung von Leadership zur Wahrnehmung. Diese Definition von Leadership und deren Verbindung zur Wahrnehmung und Kreativität begründen, warum durch ästhetisches Erfahren und intensive Reflexion hervorgerufenes kreatives Lernen in der (Nachwuchs-) Führungskräfteentwicklung eingesetzt werden soll. Zwar existieren bereits Führungsseminare, die auch ästhetische Elemente beinhalten, jedoch basieren diese auf bloßer Analogienbildung. Dies birgt die Gefahr, dass falsche Annahmen zum Thema Führung getroffen werden könnten. Die Seminarteilnehmenden könnten dann beispielsweise in der Beobachtung eines Dirigenten zu dem Schluss kommen, in identischer, z. B. diktatorischer, Weise auch in ihrer Organisation führen zu sollen. Genau hieran soll im Rahmen dieser Arbeit

© Der/die Autor(en), exklusiv lizenziert durch Springer Fachmedien Wiesbaden GmbH, ein Teil von Springer Nature 2021
A. Steckelberg et al., *Leadership & Management*, https://doi.org/10.1007/978-3-658-32987-7_7

angeknüpft werden, mit der Zielsetzung, ästhetische und kreative Elemente, beispielsweise aus den Bereichen Kunst, Musik, Sport, Philosophie sowie Esskultur in die (Nachwuchs-) Führungskräfteentwicklung zu integrieren, ein entsprechendes Lehrcurriculum zu konzipieren und somit eine holistische (Nachwuchs-) Führungskräfteentwicklung zu initiieren und zu fördern. Durch diese Form der (Nachwuchs-) Führungskräfteentwicklung sollen die einzelnen Organisationsmitglieder befähigt werden, ihre Wahrnehmung zu schulen und für wechselnde Anforderungen in einem zunehmend dynamischeren und komplexeren Umfeld (kreative) Lösungen zu finden.

Im Rahmen der Arbeit ist es deshalb erforderlich, dass die Arbeit von Steckelberg (2017a) und der damit verbundene Inhalt zum Thema (Nachwuchs-) Führungskräfteentwicklung im Hinblick auf den intendierten Praxistransfer vor allem didaktisch aufbereitet wird, um einer möglichst breiten Leserschaft Zugang zu diesem Thema zu verschaffen. Um einen Einstieg in das Thema Führung zu gewähren, soll in Kap. 9 zunächst eine Auseinandersetzung mit den impliziten Theorien vorangestellt werden. Steckelberg (2017a) hat Verbindungen zwischen verschiedenen Positionen zum Thema Führung und den impliziten Theorien angedeutet. Dies soll im Rahmen von Kap. 9 genauer untersucht werden. Das Thema Führung wird dabei aus der Sicht von drei sozialwissenschaftlichen Disziplinen behandelt: Pädagogik, Psychologie und Betriebswirtschaftslehre. In Kap. 10 erfolgt dann die bereits erwähnte didaktische Aufbereitung der Arbeit von Steckelberg (2017a), damit ein theoretisches Fundament für den intendierten Praxistransfer geschaffen werden kann. Hierbei soll die Funktionsweise beider Führungsformen – Leadership und Management – erfasst und die beiden Formen in ein Verhältnis zueinander gesetzt werden. In Kap. 11 wird dann der intendierte Praxistransfer dargestellt. Die vorangestellte Präambel beschreibt die didaktische Bedeutung des Seminardesigns bzw. Lernsettings bevor im Anschluss die Seminaraufstellung mit Seminaren aus den avisierten Bereichen präsentiert wird. Im Abschnitt Schlusswort und Ausblick werden die Ergebnisse dieser Arbeit noch einmal zusammengefasst und Möglichkeiten über ein weiteres Vorgehen, anknüpfend an diese Arbeit, aufgezeigt. Dies bezieht sich vor allem auf die verbundene bzw. sich an die Seminare anschließende Forschung zum Themenkomplex sowie auf Bereiche und Themen, die von der Seminaraufstellung nicht bedient werden konnten.

Die vorliegende Magisterarbeit wurde bei der rheinland-pfälzischen Leadership-Kultur-Stiftung angefertigt. Herr Dr. Steckelberg betreute die Arbeit. Er ist Vorstand und wissenschaftlicher Leiter der Stiftung sowie Privatdozent am Karlsruher Institut für Technologie. Die Kooperation ist außerdem dadurch begründet, dass die Stiftung ihre Verpflichtung gegenüber dem Thema Leadership-Kultur in ihrer Satzung festschreibt. Sie verfolgt das Ziel, Leadership-Kultur in beruflichen und gesellschaftlichen Handlungsfeldern durch berufsbegleitende Weiterbildungsangebote und Forschungsprojekte zu fördern. Leadership-Kultur bedeutet hierbei die umfassende Förderung der Handlungskompetenz von Führungskräften in diversen organisationalen Feldern. Die Stiftung kann dadurch das Vorhaben der Erstellung eines Lehrcurriculums zum einen unterstützen aber zum anderen auch nach dessen Aufsetzung weiterentwickeln und an begleitender empirischer Forschung teilnehmen. Außerdem kann die Stiftung aufgrund ihrer Infrastruktur und Kooperationen notwendige Ressourcen für die Seminarumsetzung bereitstellen.

Als Vorbereitung auf eine zukünftige Tätigkeit als Betriebs- und Berufspädagoge liegt die Motivation des Verfassers (Charly Harrer) nicht nur in der wissenschaftlich-theoretischen Aufbereitung des Themas, welches in Steckelberg (2017a) prägnant dargestellt wird, sondern vor allem auch in dessen didaktischer Aufbereitung, damit eine Umsetzung in die Praxis in weiterführenden Schritten realisiert werden kann. Mit der Seminaraufstellung im Praxisteil soll die Arbeit kreative Lösungen für eine potenzielle Realisierung – z. B. in der universitären Lehre – liefern und Möglichkeiten der ständigen Weiterentwicklung und begleitender empirischer Forschung aufzeigen. Angehende Berufs- und Betriebspädagogen gelten in diesem Zusammenhang zudem als potenzielle Zielgruppe. Sie sollen die dargestellte Methode erlernen, um dann in der betrieblichen Praxis (z. B. in der Tätigkeit als Personalentwickler) als Multiplikatoren zu agieren.

Im nachfolgenden Kap. 8 wird die genaue Vorgehensweise innerhalb dieser Arbeit beschrieben. Darin werden das methodische Vorgehen sowie die dazugehörigen Forschungsfragen aufgeführt.

Literatur

Burns, J. M. (1978). *Leadership*. New York: Harper & Row.

Steckelberg, A. V. (2017a) Leadership and management – Past, present and future how complexity and creativity form the fields and which role culture plays and ethic has to play. Workpaper, Version April 2017. https://www.academia.edu/30384742/Leadership_and_Management_Past_Present_and_Future._How_Complexity_and_Creativity_Form_the_Fields_and_Which_Roles_Culture_Plays_and_Ethic_Has_to_Play (letzter Aufruf: 08.05.2017). Der Artikel ist als Teil I im vorliegenden Buch enthalten.

Vorgehensweise – Forschungsfragen und methodisches Vorgehen

Die Magisterarbeit wird in drei Kapitel gegliedert, in denen bestimmte Forschungsfragen beantwortet werden sollen. In diesem Zusammenhang wird im Verlauf dieses Abschnitts auch das jeweilige methodische Vorgehen beschrieben, das zur Beantwortung der Forschungsfragen führen soll. In der theoretischen Auseinandersetzung in den Kapiteln I und II der Magisterarbeit wird eine Antwort auf die folgende Forschungsfrage gesucht:

- Warum und wodurch spielt Wahrnehmung eine wichtige Rolle für das Leadership-Verständnis?

Diese Frage wird in zwei Nebenfragen aufgeteilt:

- Wie kommt es zu dieser Rolle?
- Wie wirkt sich die Wahrnehmung in diesem Kontext aus?

Während in Kap. 9 hauptsächlich auf die Beantwortung der ersten Nebenfrage eingegangen und teilweise auch schon mit der Beantwortung der zweiten Nebenfrage begonnen wird, kommt es in Kap. 10 zu einer vertiefenden Auseinandersetzung mit der zweiten Nebenfrage. Dabei wird in Kap. 9 das Thema Führung und die Rolle impliziter Führungstheorien disziplinübergreifend betrachtet. In diesem Zusammenhang werden unterschiedliche sozialwissenschaftliche Positionen miteinander verglichen. Steckelberg (2017a) hat den Aspekt der impliziten Führungstheorien innerhalb der Auseinandersetzung mit der Führungsthematik bereits angedeutet. Im Rahmen der Magisterarbeit soll dieser Aspekt ausführlicher behandelt und ausgeschrieben werden. Die Arbeit von Steckelberg (2017a) ist stark interdisziplinär bzw. transdisziplinär ausgerichtet. Für das Verständnis der Arbeit

© Der/die Autor(en), exklusiv lizenziert durch Springer Fachmedien Wiesbaden GmbH, ein Teil von Springer Nature 2021
A. Steckelberg et al., *Leadership & Management*,
https://doi.org/10.1007/978-3-658-32987-7_8

ist deshalb ein breit gefächertes Vorwissen erforderlich, wodurch sich automatisch ein eng eingegrenzter Personenkreis von Fachexperten[1] ergibt, der als Zielgruppe infrage kommt. Der Umfang des Artikels von Steckelberg (2017a) bedingt, dass nicht alle Aspekte in ihrer Breite bzw. Tiefe angesprochen werden können. Der Inhalt wird komprimiert dargestellt und das Verständnis wird dadurch – insbesondere für außerhalb des genannten Expertenkreises stehende Personen – zusätzlich erschwert. Die Intention im Rahmen der Magisterarbeit ist es, den Inhalt zum Thema (Nachwuchs-) Führungskräfteentwicklung didaktisch aufzubereiten, damit eine breitere Zielgruppe[2] angesprochen werden kann. Das gewählte methodische Vorgehen baut auf der Methode der sogenannten *analytischen Exploration* auf, die von Steckelberg in zahlreichen Arbeiten entwickelt wurde (Steckelberg 2011, 2015, i. V.). Diese Methode findet auch in Steckelberg (2017a) Verwendung. Dabei wird „[d]as Wort „Exploration" […] bezüglich der analytischen Exploration umfassend als „Erforschung" oder „Untersuchung" verstanden – vergleichbar mit der Untersuchung bzw. Erforschung eines unbekannten Terrains (vgl. Steckelberg 2011, S. 43)." (Steckelberg i. V., S. 42). Die genannte Methode sieht demnach im Allgemeinen voraus, dass etwas Neues behandelt bzw. erkundet wird (Steckelberg 2011, 2017a). Steckelberg (i. V.) folgend ist im Hinblick auf die Wortbedeutung der genannten Methode zusätzlich noch eine wichtige Anmerkung bzw. Abgrenzung vorzunehmen: „Das Verständnis unterscheidet sich somit deutlich von den wissenschaftlichen Kontexten, in denen das Wort „Exploration" oder „explorative Studie" vor allem im Zusammenhang mit solchen Untersuchungsmethoden wie Beobachtung und Befragung verwendet wird." (Steckelberg i. V., S. 42).

Eine der Vorgehensweisen der analytischen Exploration ist die kritische Reflexion (vgl. Steckelberg 2011, 2017a). In Kap. 10 soll deswegen nicht nur eine (didaktische) Aufbereitung von Steckelberg (2017a) erfolgen, sondern parallel dazu kritisch reflektiert werden. Das bedeutet, dass die theoretische Behandlung von Steckelberg (2017a) im Sinne der Nachvollziehbarkeit thematisiert wird.

Es handelt sich hierbei um einen qualitativen Forschungsansatz. Solche Ansätze dienen im Allgemeinen der Gewinnung von Hypothesen und Theorien. Auch das Ziel der beschriebenen Kap. 9 und 10 der Thesis ist es, einen Beitrag zur

---

[1] Vor allem Wissenschaftler, die in allen durch den Artikel (Steckelberg 2017a) tangierten Fachgebieten Vorwissen haben (wie z. B. in Managementkybernetik, Organisationspsychologie, impliziten Theorien, pädagogisch-psychologischer Bildung etc.).

[2] Eine Leserschaft bzw. Zielgruppe, die (deutlich) über den zuvor eingegrenzten Personenkreis hinausgeht. Ziel ist es, dass sich ein relativ großer Personenkreis (z. B. Studierende, Lehrende, Seminarteilnehmende, Seminarreferenten etc.) den Inhalt erschließen bzw. diesen nachvollziehen und für den Kontext der Führungsentwicklung bzw. für die Wahrnehmungssensibilisierung nutzen kann.

Theoriebildung bzw. zur (Weiter-) Entwicklung der Theorie zum Thema Wahrnehmung zu leisten bzw. diese Theorie einem breiteren Personenkreis zugänglich zu machen (vgl. oben). Im weiteren Kap. 11 wird durch die Arbeit aber auch ein Übergang zur Praxis intendiert. Demnach führt die Auseinandersetzung mit Steckelberg (2017a) zu einer weiteren Forschungsfrage:

- Kann die wissenschaftlich-theoretische Begründung von Steckelberg (2017a) für einen praxisbezogenen – oben beschriebenen – Kontext didaktisch aufbereitet werden?

In Kap. 11 soll auf die oben genannte Forschungsfrage durch die Präsentation einer Seminaraufstellung des intendierten Lehrcurriculums eingegangen werden. Außerdem soll aufgezeigt werden, dass die didaktische Aufbereitung aus den vorangegangenen Kapiteln auch im Hinblick auf empirisches Arbeiten genutzt werden kann. Damit wird zusätzlich eine qualitative Forschung im Sinne der (Weiter-) Entwicklung des Programms intendiert und – bei der entsprechenden Durchführung und Weiterentwicklung – gefördert. Hierbei soll insgesamt ein ständiger Wechsel zwischen Theorie und Praxis initiiert werden. Dieser soll gewährleisten, dass Programmentwicklung und Forschung im Themenkomplex zur Wahrnehmung initiiert bzw. weiterverfolgt werden.

Die übergeordnete Forschungsfrage der Magisterarbeit ist daher die folgende:

Kann man die theoretische Darstellung nach Steckelberg (2017a) in ein Lehrcurriculum so umsetzen, dass die damit verbundene empirische Forschung und theoretische Weiterentwicklung sowie die Entwicklung des Seminarprogramms selbst dauerhaft initiiert und gewährleistet werden können?

Ziel des Kap. 11 ist es, die Thematik des ästhetischen Erfahrens und des kreativen Lernens für das angestrebte Konzept zu nutzen. Hierzu werden Lernsettings geschaffen, in denen kreatives Lernen durch ästhetisches Erfahren und intensive Reflexion gefördert wird. Der Darstellung der Seminaraufstellung des Lehrcurriculums geht eine Auseinandersetzung mit der Fallstudie von Sutherland (2012) voraus, in der kunstbasierte Methoden in der Führungskräfteentwicklung thematisiert werden. Die in der Studie dargestellte Vorgehensweise und die dort präsentierten Resultate werden anschließend als Methode betrachtet. In Bezug auf die gewählte Vorgehensweise ist hinzuzufügen, dass insbesondere die Gestaltung der Seminaraufstellung durch Experteninterviews entstanden ist bzw. durch diese geprägt wurde. Beim Interview handelt es sich um eine qualitative Methode aus der empirischen Sozialforschung. Dabei wird das Interview als ein Forschungsinstrument verstanden, das durch ein planmäßiges Vorgehen mit wissenschaftlicher Zielsetzung charakterisiert ist. Anhand von (gezielten) Fragen soll der Gesprächspartner bzw. der Befragte dazu gebracht werden, sich verbal – inhaltsbezogen – zu äußern (Scheuch 1973, S. 71). Im Gegensatz zu standardisierten Interviewformen handelt es sich hierbei um ein Experteninterview, das eine freie Form der Befragung aufweist (freies bzw. unstrukturiertes Interview; vgl. Helfferich 2014, S. 562). Durch diese Form wird vor allem auf eine Exploration von Sachverhalten abgezielt (vgl. Bogner et al. 2014, S. 22 ff.). Die Experteninterviews wurden mit Herrn Dr. Alexander V. Steckelberg geführt und dienten der Exploration der Praxismethode. In diesem Zusammenhang wird die FIRST-Methode (Steckelberg 2017b) präsentiert. Dieses Vorgehen (Steckelberg 2017b) ist insgesamt als eine Erweiterung der Resultate von Sutherland (2012) bzw. deren bisheriger Verwendung zu sehen (vgl. Sutherland 2012; Steckelberg 2017b und Präambel aus Kap. 11 dieser Arbeit).

Als zusätzliche Orientierung für die Struktur hinsichtlich der Erstellung des Lehrcurriculums dienen die Modulhandbücher der KIT-Fakultät für Geistes- und Sozialwissenschaften für das Fach „Pädagogik", die frei auf der Internetpräsenz der Fakultät einzusehen sind (KIT 2015). Eine weitere Ideenanregung liefert ein Leitfaden zur Curricula-Erstellung der TU Wien, der das Modulhandbuch in den Kontext eines Lehrcurriculums einbettet (TU Wien 2011). Die beiden genannten Orientierungshilfen sollen dabei unterstützen, das angestrebte Lehrcurriculum (tabellarisch) sinnvoll darzustellen.

Die gewählte Methode, die die didaktische Aufstellung der kunst-, musik-, sport- und philosophiebasierten sowie der die Esskultur betreffenden Leadership-Seminare bildet, ist die oben erwähnte FIRST-Methode.

Begründet wird die gewählte Methode folgendermaßen: Die traditionellen, auf rationaler Basis und auf Logik basierenden (positivistischen) Ansätze in der Führungskräfteentwicklung sprechen bisher nur die, in Kap. 10 behandelte, „Action-Ebene" an (Ropo und Sauer 2008; Steckelberg 2017a). Wie in dem Kapitel allerdings deutlich wird, sind – für eine ganzheitliche Führung – alle drei Ebenen der Organisationskultur nach Schein (2004) von Bedeutung (Schein 2004, S. 25 ff.; vgl. Abschn. 4.11 und 4.12.). Aus diesem Grund soll bei der gewählten Methode – durch Hinzunahme der Thematik des ästhetischen Erfahrens und des kreativen Lernens – auch die affektive Seite angesprochen werden. Demnach ist es die Intention des intendierten Praxistransfers, sowohl die kognitive als auch die emotional-motivationale Seite im Rahmen der Erstellung einer Seminaraufstellung zu bedienen (vgl. das Komponentenmodell kreativen Lernens, Steckelberg i. V., S. 151).

Die FIRST-Methode orientiert sich weiterhin bzgl. ihrer Vorgehensweise bzw. ihres (Lern-) Prozesses an dem Komponenten-Modell kreativen Lernens (Steckelberg i. V.; Steckelberg 2017b). Sie geht deshalb von folgendem Zyklus aus:

- F – Framing (thematische Hinführung und erste Reflexionen über die Verbindung zwischen der bevorstehenden Intervention (beispielsweise dem musikbasierten Seminarteil) und Leadership),
- I – Intervention (aestheticizing und de-routinising eingeschlossen: Ästhetisieren der Umgebung sowie Entroutinisieren, den Lern- bzw. den Erfahrungsraum ungewöhnlich machen),
- R – Reflexion (Reflektieren über das ästhetische Erfahren),
- ST – further STimulation (Verhaltensänderungen der Teilnehmenden fördern und eine theoretische Weiterentwicklung sowie empirische Forschung initiieren und verstärken, um das Seminarprogramm und das Forschungsgebiet ständig weiterzuentwickeln).
- (Steckelberg 2017b).

Den ersten Teil des Lernseminars bildet das Framing. Die direkte Übersetzung zu „Gerüst bzw. Rahmen geben oder schaffen" soll in diesem Zusammenhang bedeuten, dass die Teilnehmenden eine thematische Hinführung durch den Referenten erhalten und auch emotional auf das Bevorstehende eingestimmt werden. Die Teilnehmenden bekommen relevantes Wissen vermittelt, das u. a. auch mit der Intervention in Zusammenhang steht, die auf das Framing folgt. Hierbei können die Teilnehmenden erste Reflexionen über das Thema vornehmen und sich darauf emotional einstellen. Der 2. Teil des Lernseminars wird durch die Intervention bestimmt. Durch Ästhetisieren (aestheticizing), das ein Bestandteil der Intervention ist (Steckelberg 2017b), wird die passende ästhetisch-kreative Umgebung geschaffen, in der sich die Teilnehmenden befinden sollen. Entroutinisieren (de-routinising) – das auch zur Intervention gehört (Steckelberg 2017b) – geht mit dem Ästhetisieren einher, weil bei den Teilnehmenden ein Gewohnheitsbruch in Bezug auf ihre (Lern-) Umgebung zusätzlich entstehen soll und die Teilnehmenden dadurch ihre Betrachtungsperspektive ändern. Das kann auf zweierlei Weise geschehen. Entweder durch das Ästhetisieren selbst (angewendet auf den gleichen (Seminar-) Raum, der normalerweise benutzt wird oder für die theoretische Vermittlung verwendet wurde), oder dadurch, dass die Teilnehmenden den Erfahrungsraum auch physisch wechseln (Sutherland 2012). Während des Seminartages, aber auch nach dem Seminarende, sollen die Teilnehmenden ihre ästhetischen Erfahrungen verarbeiten und reflektieren (3. Seminarteil). Die

Reflexion beschränkt sich allerdings in diesem Rahmen nicht nur auf die bloße Verbalisierung oder Verschriftlichung. Die Reflexion soll vielmehr sukzessiv und (sich) verstärkend auf- und ausgebaut werden, damit die Stimulation (s. Folgephase) intensiviert wird. Aus diesem Grund soll die Reflexion in verschiedenen Formen erfolgen:

- Im Gruppengespräch (mit oder ohne Referent),
- (Selbst-) Reflexion[3] ohne Verschriftlichung,
- (Selbst-) Reflexion durch Verschriftlichung,
  - am Seminarort (während des Seminartages), oder
  - als Hausaufgabe.

STimulation umfasst schließlich sowohl das Fördern von Verhaltensänderungen der Teilnehmenden, mit dem Ziel, die eigene Wahrnehmung und das Verständnis für die fremde Wahrnehmung zu stärken und zu sensibilisieren, als auch die Förderung der Programmentwicklung und der darauf bezogenen Forschung. Durch die Darstellung der FIRST-Methode als Vorgehensweise des intendierten Praxistransfers wird gezeigt, dass diese Methode als eine Erweiterung von Sutherland (2012) zu sehen ist. Zusammengefasst grenzt sich die FIRST-Methode in folgenden Aspekten von der Vorgehensweise nach Sutherland (2012) ab:

- Sie geht über einen kunst- bzw. musikbasierten Charakter hinaus: Das angestrebte Lehrcurriculum ist breiter angelegt und vereint eine Seminaraufstellung aus diversen weiteren Bereichen, wie Philosophie, Sport, Esskultur u. v. m.
- Die Aspekte der Ästhetisierung und der Entroutinisierung werden im Verständnis der Intervention zusammengefasst: Dies ist einerseits dadurch begründet, dass sie aufgrund von (stellenweiser) Zeitüberschneidung zu einem gemeinsamen Seminarabschnitt gehören sollen. Andererseits kann Entroutinisieren auch (evtl. teilweise) direkt durch Ästhetisieren hervorgerufen werden. Eine Trennung im Sinne von Sutherland (2012) erscheint daher nicht sinnvoll, weil die Abgrenzung zwischen den beiden Seminarteilen nicht scharf genug ist.
- Durch die strukturierten und mehrfach einzusetzenden Reflexionsphasen sollen die Denkprozesse der Teilnehmenden entfacht und (potentielle) Wahrnehmungsänderungen bzw. -sensibilisierungen gefördert werden. Die Teilnehmenden können sich daraufhin frei für bestimmte und damit verbundene

---

[3]Die (Selbst-) Reflexionen enthalten keine Vorgaben.

Verhaltensänderungen entscheiden. Aufgezeichnete Reflexionen der Teilnehmenden unterstützen zudem eine Weiterentwicklung des Programms und eine begleitende Forschung, indem sie als empirische Basis dafür dienen.

- Die (Weiter-) Entwicklung des Programms bzw. der Theorie soll insbesondere über diverse Formen von Reflexionen erfolgen. Denkbar ist auch, dass noch quantitative Forschungsmethoden hinzugezogen werden.
- Entsprechend der Ergebnisse der empirischen Forschung sollen die Seminare sowie die theoretische Basis evtl. angepasst werden. Mit diesem Vorhaben werden somit neben der Hypothesenbestätigung bzw. Widerlegung auch die Aufstellung von weiteren Hypothesen und die Anpassung der bestehenden Hypothesen bzw. Fragestellungen angestrebt. Im Anschluss daran wird der Prozess fortgeführt und der Zyklus wiederholt sich. Dies entspricht einem evidenzbasierten Ansatz.

Literatur

Bogner, A., Littig, B., & Menz, W. (2014). Interviews mit Experten. Eine praxisorientierte Einführung. Wiesbaden: Springer Fachmedien.

Helfferich, C. (2014). Leitfaden- und Experteninterviews. In N. Baur & J. Blasius (Hrsg.), Handbuch Methoden der empirischen Sozialforschung. Wiesbaden: Springer Fachmedien.

KIT (2015). Modulhandbücher Studiengang Pädagogik. https://www.geistsoz.kit.edu/ker nfach-paedagogik.php. Zugegriffen: 03. Mai. 2017.

Ropo, A., & Sauer, E. (2008). Dances of leadership: Bridging theory and practice through an aesthetic approach. *Journal of Management & Organization, 14*(05), 560–572.

Schein, E. H. . (2004). *Organizational culture and leadership* (3. Aufl.). San Francisco: Jossey-Bass/Wiley.

Scheuch, E. K. (1973). Das Interview in der Sozialforschung. In: König, R. (Hrsg.): Handbuch der empirischen Sozialforschung. Bd. 2. Grundlegende Methoden und Techniken der empirischen Sozialforschung. Erster Teil. Stuttgart: Enke.

Steckelberg, A. V. . (2011). *Stärkung der Lernkultur in Unternehmen: Entdeckung von Potentialen des PMBOKR. Gabler Research.* Wiesbaden: Gabler/Springer Fachmedien .

Steckelberg, A. V.. (2015). Orchestrating a creative learning environment: Design and scenario work as a coaching experience – How educational science and psychology can help design and scenario work & vice-versa. *Futures, 74,* 18–26.

Steckelberg, A. V. (2017a). Leadership and management – Past, present and future how complexity and creativity form the fields and which role culture plays and ethic has to play. Workpaper, Version April 2017. https://www.academia.edu/30384742/Leadership_and_ Management_Past_Present_and_Future._How_Complexity_and_Creativity_Form_the_ Fields_and_Which_Roles_Culture_Plays_and_Ethic_Has_to_Play. Zugegriffen: 08. Mai. 2017. Der Artikel ist als Teil I im vorliegenden Buch enthalten.

Steckelberg, A. V. (2017b). FIRST-Methode: Zur besseren Integration Ästhetik- und Philosophie-basierter Inhalte in die Leadership-Lehre. https://www.academia.edu/328 95551/FIRST-Methode_Zur_besseren_Integration_%C3%84sthetik-_und_Philosophie-basierter_Inhalte_in_die_Leadership-Lehre. Zugegriffen: 08. Mai. 2017.

Sutherland, I. (2012). Arts-based methods in leadership development: Affording aesthetic workspaces, reflexivity and memories with momentum. *Management Learning, 44*(1), 1–19.

TU WIEN (2011). Leitfaden zur Curricula-Erstellung. https://www.tuwien.ac.at/fileadmin/ t/rechtsabt/downloads/Leitfaden_zur_Curricula_Erstellung.pdf. Zugegriffen: 03. Mai. 2017.

9.1 Problemstellung

Im vorliegenden Kapitel soll das Thema Führung näher behandelt werden. Die einschlägige Literatur hierzu bietet eine Fülle an Publikationen, bei denen nicht nur zwischen verschiedenen Fachdisziplinen, sondern auch innerhalb der einzelnen Disziplinen Unterschiede in Form diverser Autorenpositionen erkennbar sind. Exemplarisch werden im Rahmen dieser Arbeit folgende Disziplinen behandelt:

- Wirtschaftswissenschaften,
- Pädagogik und
- Psychologie.

Eine erste Aufgabe ist es daher, die verschiedenen Disziplinen in Anlehnung an ihre Auseinandersetzung mit der Führungsthematik zu thematisieren. Innerhalb der Disziplinen und zwischen den Disziplinen sollen in der Folge sowohl die genannten Unterschiede als auch mögliche Gemeinsamkeiten herausgearbeitet werden. Als Einstieg in das Thema Führung dient ein ergänzendes Kapitel über die *impliziten Führungstheorien* (vgl. Kap. 10). Diese Einführung erfüllt im Wesentlichen zwei Funktionen: Zum einen erleichtert sie dem Leser den Zugang zur folgenden Auseinandersetzung mit der Führungsthematik und zum anderen fungiert sie als zusätzliches Analyseelement, das zur zweiten Aufgabe führt, die bearbeitet werden soll. Es stellt sich in diesem Zusammenhang nicht nur die Frage, was in den vorgestellten Disziplinen zum Thema Führung an sich beschrieben wird, sondern auch, ob überhaupt und inwieweit das Thema der impliziten Führungstheorien dabei eine Rolle spielt. Aus diesem Grund soll letzteres Thema

© Der/die Autor(en), exklusiv lizenziert durch Springer Fachmedien Wiesbaden GmbH, ein Teil von Springer Nature 2021
A. Steckelberg et al., *Leadership & Management*,
https://doi.org/10.1007/978-3-658-32987-7_9

immer wieder in die Folgekapitel integriert und einer Überprüfung unterzogen
werden. Schließlich sollen die wichtigsten Erkenntnisse aus der Analyse noch
einmal zusammengefasst und es soll thematisiert werden, wie diese Erkenntnisse
in der Folge auch im Rahmen weiterer möglicher Betrachtungen genutzt werden
können.

9.2   Implizite Führungstheorien

Als Zugang zum Thema sowie als Diskussions- bzw. als Erklärungsgrundlage für
die Folgeabschnitte werden zuallererst die impliziten Führungstheorien behandelt.
Zunächst wird der Begriff definiert und im Anschluss soll der Frage nachgegangen
werden, welche Bedeutung die impliziten Führungstheorien im Rahmen dieser
Arbeit gewinnen.

Bei den impliziten Führungstheorien handelt es sich um einen sogenannten Spezialfall impliziter Theorien. In der Literatur werden für den Begriff der
impliziten Theorien vielfach Synonyme wie beispielsweise Alltagstheorien oder
Laientheorien benutzt (vgl. Six 2009; Six und Six-Materna 2006). Six und Six-
Materna (2006) verwenden hierfür auch den Begriff der Naiven Theorien. Dabei
handelt es sich um „[…] subjektive Theorien oder Konzepte, mit deren Hilfe Personen ihre Realität abbilden, erklären und vorhersagen." (Six und Six-Materna
2006, S. 322).

Lang (2014) setzt sich mit der Thematik der impliziten Führungstheorien
auseinander. Er nimmt den Begriff der Wahrnehmung in sein Konzept auf und
fasst die impliziten Führungstheorien „als die Wahrnehmung darüber, wie Führungskräfte sind (Eigenschaften), was Führungskräfte tun (Verhalten) und was
im Ergebnis des Führungshandelns zu erwarten ist (Kausalität)." (Lang 2014,
S. 61). Verallgemeinernd kann abschließend hinzugefügt werden, „dass implizite Führungstheorien als verschiedene Arten der kognitiven Repräsentationen
verstanden werden können, aufgrund derer es Personen möglich ist, zwischen
Führern und Nicht-Führern zu unterscheiden." (Albrecht 2006, S. 8). Bei letzterer
Definition handelt es sich um die sogenannte *statisch-merkmalsbezogene* Sichtweise der impliziten Führungstheorien, die sich in der Forschung weitestgehend
durchgesetzt hat (Albrecht 2006, S. 9).

Insgesamt haben implizite Führungstheorien einen erheblichen Einfluss
dadurch, dass jeder Akteur durch (Selbst-) Wahrnehmung Führungstheorien konstruiert (vgl. Mühlbacher 2003, S. 69). Lang (2014) geht der Frage nach, wie ein
solches (Führungs-) Schema aktiviert und verhaltenswirksam wird und welche

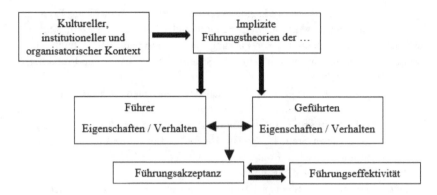

Abb. 9.1 Grundmodell der impliziten Führungstheorie (Darstellung in Anlehnung an Lang 2014, S. 61)

Faktoren diesen Prozess beeinflussen. Die theoretische Begründung der impliziten Führungstheorien mit Blick auf die Eigenschaften von Führungspersonen bildet die kognitive Kategorisierungstheorie. Danach verfügt ein Einzelner über bestimmte, bereits gespeicherte *(internalisierte[1])*, Vorstellungen von Führung im Rahmen von beispielsweise prototypischen Eigenschaften und Verhaltensweisen und auch über konkrete Beispiele von Führungspersonen (Beispiel: erster Chef). Ein Führer-Schema entsteht also aufgrund von (prägenden) (Vor-) Erfahrungen, welche als kognitive Muster im Langzeitgedächtnis gespeichert werden (Lang 2014, S. 63 ff.).

Anhand eines Erfahrungsberichtes eines Geschäftsführers wird deutlich, um welche Art von Erfahrungen es sich handeln kann: „Mein erstes Führungsvorbild war mein Vater. Wie er am Tisch bei Gesprächen nach dem Essen die Angelegenheiten der Familie geordnet hat und dabei einerseits sehr bestimmt, andererseits sehr souverän aufgetreten ist […]." (Lang 2014, S. 59). Das Beispiel verdeutlicht, dass unsere ersten Erfahrungen mit der Führungsthematik in der Regel innerhalb des Kontextes Familie gemacht werden. Weitere Erfahrungen werden dann anschließend, teilweise parallel, in verschiedenen anderen Kontexten gesammelt (siehe Abb. 9.1). Wichtige Erfahrungsmöglichkeiten ergeben sich beispielsweise im Umfeld von erzieherischen und schulischen Einrichtungen (Begegnung mit Erziehern und Lehrpersonen). Weiter ist vor allem auch der

---

[1] „Internalisierung […]. Verinnerlichung, Vorgang des Eingliederns (Sich-zu-eigen-machen) fremder Auffassungen, Werte, Normen, Erwartungen." (Häcker und Stapf 2009, S. 483).

Arbeitskontext wichtig und prägend, wenn in diesem Zusammenhang Erfahrungen mit Vorgesetzten gemacht werden. Dort findet beispielsweise ein Abgleich der bisherigen Wahrnehmung von Führung mit der konkreten Beobachtungssituation statt. Je nach Stimmigkeit wird das Schema dann entsprechend modifiziert oder es bleibt erhalten.

In Anlehnung an die statisch-merkmalsbezogene Sichtweise der impliziten Führungstheorien, strebt die empirische Forschung in diesem Rahmen danach typische Attribute zu ermitteln, die Führungspersonen zugeschrieben werden. Es ergeben sich an dieser Stelle beispielsweise Belege für Führungs- und Antiprototypen (im organisatorischen Kontext) sowie eine gewisse generelle Gültigkeit und auch zeitliche Stabilität der Befunde (vgl. Lang 2014, S. 74). Ein interessanter Befund in diesem Kontext beispielsweise ist, dass es erhebliche Unterschiede zwischen den impliziten Führungserwartungen an einen Top-Manager im Vergleich zu einem Manager auf niedrigerer Hierarchiestufe (Beispiel: Abteilungsleiter oder Gruppenleiter) gibt (vgl. Lang 2014, S. 74 f.):

- Niedrigere Hierarchiestufe: partizipatives, mitfühlendes, Mitarbeiterinteressen beachtendes, gruppen- und vertrauensbildendes, bescheidenes, aber auch inspirierendes sowie geordnetes Führungsverhalten.
- Höhere Hierarchiestufe: visionäres, innovatives, diplomatisch-überzeugendes dominantes und mutiges Verhalten.

Mühlbacher (2003) führt weitere wichtige Merkmale zu impliziten Führungserwartungen an. Er verweist dabei auf eine Studie von Offermann, Kennedy und Wirtz aus dem Jahre 1994, die eine Übersicht der acht wichtigsten Kategorien impliziter Führungstheorien und deren Reliabilität darstellt. Um zu diesem Ergebnis zu kommen, wurde mehrstufig vorgegangen. Eine erste Probandengruppe hat Charakteristika von Führungskräften niedergeschrieben, die dann zu Merkmalen zusammengefasst wurden. Eine zweite Probandengruppe hat im Anschluss diese Merkmale mithilfe einer Werteskala den impliziten Führungstheorien zugeordnet. Eine dritte Befragungsgruppe hat diese Ergebnisse dann validiert (vgl. Mühlbacher 2003, S. 68). Die nachfolgende Abb. 9.2 zeigt die Ergebnisse der Studie.

Anhand der Ergebnisse kann gezeigt werden, dass individuelle Wahrnehmung sehr stark auf Heuristiken, Stereotypen und Kategorisierung beruht und weniger auf rationaler Beobachtung und Entscheidung (vgl. Mühlbacher 2003, S. 67). Mühlbacher (2003) kommt zu folgender Annahme: „Implizite Führungstheorien stellen nun nichts anderes dar, als […] sozial kognitive Heuristiken, naive Konzeptionen und Alltagstheorien." (Mühlbacher 2003, S. 67).

Factor Name	Sample items	Reliability
Sensitivity	Sympathetic, sensitive, compassionate, understanding	0.94
Dedication	Dedicated, disciplined, prepared, hard-working	0.90
Tyranny	Domineering, power hungry, pushy, manipulative	0.90
Masculinity	Male, masculine	0.88
Charisma	Charismatic, inspiring, involved, dynamic	0.86
Intelligence	Intelligent, clever, knowledgeable, wise	0.85
Attractiveness	Attractive, classy, well-dressed, tall	0.78
Strength	Strong, forceful, bold, powerful	0.74

Abb. 9.2 Hauptfaktoren impliziter Führungstheorien (Darstellung in Anlehnung an Mühlbacher 2003, S. 68)

In weiteren Untersuchungen konnten die aufgeführten Ergebnisse aus der Studie von Offermann et al. (1994) nur teilweise bestätigt werden. Lang (2014) bezieht sich dabei auf eine Untersuchung von Schyns und Schilling (2010), die Führungsbeschreibungen hinsichtlich effektiver und ineffektiver Eigenschaften analysieren (vgl. Lang 2014, S. 74): „Die Ergebnisse bestätigen zunächst die von Offermann et al. (1994) […] gefundenen Kategorien. Andere Eigenschaften konnten nicht bestätigt werden, etwa Attraktivität oder Maskulinität." (Lang 2014, S. 74).

Die impliziten Führungstheorien geben folglich einen Einblick in die Wahrnehmung der Akteure über Führung und lassen sich im Alltag wiederfinden. Sie sind von Bedeutung, da sie direkten Einfluss auf die Führungstheorien nehmen und auf die Vorstellung darüber, wie Führung ausgestaltet sein soll. Aus den Ausführungen von Mühlbacher (2003) sowie aus dem Grundmodell von Lang (2014) geht somit hervor, dass individuelle Wahrnehmung über Führung – in verschiedenen Kontexten wie beispielsweise Kultur, Familie, Schule und Beruf – eine tragende Rolle im Hinblick auf die Konstruktion sogenannter Führungsschemata spielt. Zu vermuten wäre daher, dass implizite Führungstheorien auch Einfluss auf diejenigen Disziplinen haben, die im Rahmen dieser Ausarbeitung vorgestellt werden. Diese Hypothese gilt es im Verlauf dieses Kapitels zu untersuchen. Der Aspekt der Wahrnehmung – in Bezug auf die impliziten Führungstheorien – soll deshalb

erneut im Folgeabschnitt aufgegriffen werden, wenn verschiedene Positionen zu
Führung aus wirtschaftswissenschaftlicher Sicht dargelegt werden.

9.3   Wirtschaftswissenschaftliche Sichtweise

Der Aspekt der individuellen Wahrnehmung bzw. impliziter Führungstheorien
scheint auch in der Auseinandersetzung innerhalb der Wirtschaftswissenschaften eine Rolle zu spielen. Auffällig ist an dieser Stelle, dass es verschiedene
Positionen im Hinblick auf das Thema Führung[2] gibt (Steckelberg 2017a). Eine
erste Position stellt das Management wichtiger dar als Leadership, wohingegen
eine zweite Position Leadership stärker in den Fokus rückt. Eine dritte Position
wiederum empfindet Management und Leadership als gleich wichtig. Heraus-
zufinden ist demnach, inwieweit das vorangegangene Thema Einfluss auf die
angesprochenen Positionen hat und was sich als Konsequenz daraus ableiten lässt.

9.3.1   Managerial Imperative

Ein Vertreter der ersten Position (managerial imperative) ist Fredmund Malik.
Dieser beschreibt ein richtiges und gutes Management als Grundlage für eine
echte Führerschaft. Beide Aspekte – *richtig* und *gut* – müssen dabei, im Hinblick
auf eine gelungene Führung, vorhanden sein. Das impliziert aber auch, dass es
falsches und schlechtes Management als sogenannte Gegensatzpaare geben muss.
Diese Unterscheidung, zwischen richtig und falsch sowie gut und schlecht, ist für
Malik (2013a) entscheidend (vgl. Malik 2013a, S. 21). Weiter betrachtet wird
„richtiges und gutes Management" nach Malik (2013a) auch als „Handwerk"
angesehen (Malik 2013a, S. 25): „Management ist nicht Wissen allein, auch nicht
dessen Produktion oder Weitergabe, sondern Management ist die *Transformation
von Wissen in Ergebnisse*. Dazu gehören zwei Dinge: Über Wissen hinausgehende
Erkenntnis darüber, was richtiges Management ist, und dementsprechendes *Handeln.*" (Malik 2013a, S. 26; Hervorhebung im Original). Dieses handwerkliche
Wissen und Können, als Grundlage guten Managements, ist nach Malik (2006)
lehr- und lernbar (vgl. Malik 2006, S. 291). Wer das Handwerk schlussendlich
beherrscht, der versteht, dass „Professionalität, Sachverstand und Erfahrung" zur
„Wirksamkeit guter Führung" beitragen (vgl. Malik 2013a, S. 25). Malik sagt

---

[2]Innerhalb der Wirtschaftswissenschaften erfolgt beim Thema Führung eine Differenzierung
zwischen Leadership und Management.

weiter, dass richtiges und gutes Management überall gleich ist und eine globale sowie universelle Gültigkeit besitzt (vgl. Malik 2013a, S. 23). Zudem ist „richtiges Management der *einzige* stabile Faktor im steten Wandel […].“ (Malik 2013a, S. 21; Hervorhebung im Original). Leadership als Führungsform lehnt Malik kategorisch ab. Seiner Meinung nach erbringen die gegenwärtigen Leadershiptheorien nicht das, was erforderlich ist. Ebenso ist nach Malik (2006) auch die Begriffswahl „Leadership“ aus diversen Gründen nicht passend (vgl. Malik 2006, S. 285 ff.). Kennzeichen, die er zu Leadern im Rahmen echter Führerschaft behandelt, zählt Malik (2006) zwar auf, ordnet sie aber persönlich unter die Führungsform des guten Managements ein (vgl. Malik 2006, S. 291). Malik (2013a) legt auch fest, dass Begeisterung, Visionen, Leadership oder Charisma für eine wirksame Führung nicht nötig sind (vgl. Malik 2013a, S. 25).

9.3.2 Leadership Imperative

Dem begegnet Zaleznik (1992) mit seiner Auffassung über die Bedeutung von Leadership. Abraham Zaleznik ist ein Vertreter der zweiten Position (leadership imperative). Nach Zaleznik (1992) sind Management und Leadership zwei verschiedene Führungsformen, wonach Leader folgendermaßen definiert werden: „Leaders, like artists, tolerate chaos and a lack of structure. They keep answers in suspense, preventing premature closure on important issues.“ (Zaleznik 1992, S. 5). Leader legen demnach den Fokus auf Effektivität („die richtigen Dinge tun“) und neue Lösungen und schaffen dafür den nötigen Raum innerhalb der Organisation (vgl. Zaleznik 1992; vgl. Lindstädt 2015).

Ganz anders die Manager: „Managers seek order, control, and rapid resolution of problems.“ (Zaleznik 1992, S. 5). Bei einem Manager wird vor allem auch die Kompetenz des Problemlösens angesprochen. Für Manager ist es daher von Bedeutung, den Fokus auf die Verbesserung der Effizienz („die Dinge richtig tun“) bestehender Geschäfte zu richten (vgl. Lindstädt 2015). Weitere Merkmale des Managers sind: persistence, tough-mindedness, hard work, intelligence, analytical ability, tolerance and goodwill (vgl. Zaleznik 1992, S. 5 ff.). Zaleznik (1992) unterscheidet noch weiter zwischen beiden Führungsformen bei folgenden Aspekten:

- Attitudes towards goals,
- Conceptions of work,
- Relations with others,

- Sense of self (Zaleznik 1992, S. 5).

Nach Zaleznik (1992) existieren und gelten beide Führungsformen, sowohl Management als auch Leadership: „companies need both managers and leaders to excel." (Zaleznik 1992, S. 5). Allerdings betont Zaleznik (1992), dass beide Führungsformen nicht in einer Person vereint bzw. durch sie getragen werden können, denn sie würden sich gegenseitig hemmen: „What it takes to develop managers may inhibit developing leaders [...] On the other hand, the presence of great leaders may undermine the development of managers [...]." (Zaleznik 1992, S. 6 f.). Zaleznik (1992) spricht sich einerseits für eine Organisationsumgebung aus, in der sowohl Leadership als auch Management nebeneinander existieren und performen können. Andererseits fällt auf, dass sein sowohl-als-auch-Plädoyer im Hinblick auf beide Führungsformen nicht bedeutet, dass Leadership und Management auch gleichwertig sind. Diese Einstellung macht er durch mehrere Anmerkungen fest und unterstreicht dadurch seine Position des *leadership imperative*. Leadership hat danach insofern eine höhere Bedeutung, als dass es einen maßgeblichen Beitrag zum organisationalen Erfolg und Wandel leistet, was Management als Führungsform für sich betrachtet nicht erbringen kann. Dies zeigt sich durch wichtige Elemente von Leadership wie beispielsweise „Inspiration, Vision und Leidenschaft" (vgl. Zaleznik 1992): „But let's face it: It takes neither genius nor heroism to be a manager. Even highly valued managers don't inflame employees' passions and imagination. Nor do they stimulate the change that all organizations require. For those qualities, you need leaders, not managers." (Zaleznik 1992, S. 5). Insbesondere für Leadership sollte nach Zaleznik (1992) eine günstige Organisationsumgebung vorherrschen, damit Leadership als Führungsform seine volle Wirkung entfalten kann (vgl. Zaleznik 1992). Durch diese klare Überlegenheit von Leadership gegenüber dem Management gilt letzteres als keine Führungsform mehr, die neben dem Leadership stehen kann, sondern wird zu einem „geführten Element".

9.3.3   Gleichwertigkeit beider Führungsformen

Gairola (2011) stellt zunächst beide Führungsformen gegenüber, mit der Anmerkung, dass beide „Führungsphilosophien" wichtig sind (Gairola 2011, S. 3). Der Leader hat zum Ziel, eine Vision für die Zukunft zu schaffen. Hierfür plant er die notwendigen Ressourcen und kommuniziert seine Ziele und Visionen im Unternehmen. Sein zeitlicher Fokus ist deshalb langfristig und für die zu erreichende

Effektivität und das Wachstum ist seine Risikopräferenz tendenziell stärker risikofreudig. Ein Leader muss schließlich innerhalb seiner Rolle klare Absichten verfolgen, neue Wege einschlagen, Menschen inspirieren sowie an ihre Fähigkeiten glauben können (vgl. Gairola 2011). Die Arbeit des Managers dagegen ist stark von Effizienz geprägt, weshalb der zeitliche Fokus sich stark auf die Gegenwart und Teile der Vergangenheit konzentriert (Fehler korrigieren und Prozesse optimieren). Dadurch, dass das angestrebte Ziel des Managers vor allem Stabilität und Kontrolle (Effizienzorientierung) beinhaltet, neigt der Manager folglich mehr dazu, risikoscheu zu handeln, um Fehler und Risiken möglichst zu vermeiden. Ein Manager braucht nach Gairola (2011) schließlich noch Organisationstalent, operative Intelligenz und Fachwissen (vgl. Gairola 2011). Die Notwendigkeit, dass beide Führungsformen eingesetzt bzw. miteinander verbunden werden sollen, begründet Gairola (2011) u. a. damit: „Management ist notwendig, um die Ziele und Visionen des Leaders umzusetzen und um den notwendigen Cashflow dafür zu erwirtschaften. Einem Leader ohne Managementfähigkeiten wird schnell die Puste ausgehen, während einem Manager ohne Leadership-Fähigkeiten eine Richtung fehlt." (Gairola 2011, S. 3). Management- und Leadership-Kompetenzen sollen allerdings noch aus einem anderen Grund miteinander verbunden werden. Vor allem mit zunehmender Dynamik und Komplexität der Umwelt (*Dynaxity*) werden beide Kompetenzen relevant, da sie sich gegenseitig ergänzen können. Situations- und organisationsspezifisch herrscht allerdings jeweils eine andere Gewichtung vor (Gairola 2011, S. 2). Wichtig ist zudem, dass sich die geforderten Management- und Leadership-Kompetenzen nicht zwangsläufig auf eine einzelne Führungskraft konzentrieren, sondern auch und vor allem zukünftig auf Tandems, Teams und letztlich auf das ganze Unternehmen aufgeteilt sein sollen. Dieser *teambasierte* Ansatz scheint nach Gairola (2011) notwendig, um den wachsenden globalen Herausforderungen in einer zunehmend komplexeren und dynamischen Umwelt begegnen zu können (vgl. Gairola 2011). Gairola plädiert somit gegen ein klassisches entweder-oder-Denken beider Führungsformen und stattdessen für eine sowohl-als-auch-Akzeptanz (vgl. Gairola 2011). Wie bereits im Abschnitt zu *Leadership imperative* beschrieben, liegt der Unterschied an dieser Stelle allerdings darin, dass bei Zaleznik (1992) Leadership als Führungsform als ein dominierendes Element hervorgehoben wird. Auch wurde angemerkt, dass nach Zaleznik (1992) Leadership und Management nicht durch nur einen Akteur in einer Organisation umgesetzt werden kann. Gairola (2011) hingegen sieht beide „Rollen" durchaus in einer Person vereinbar (vgl. Gairola 2011, S. 5), auch wenn er gleichzeitig für den oben genannten *teambasierten Ansatz* von Führung plädiert (Gairola 2011, S. 3).

9.3.4   Zwischenfazit I

Verschiedene Positionen zu den Führungsformen des Managements und des Leaderships wurden vorgestellt. Bei zwei von den drei vorgestellten Positionen (Zaleznik 1992; Gairola 2011) wurde bereits festgestellt, dass in irgendeiner Art und Weise eine Koexistenz von Management und Leadership als Führungsform gefordert wird. Malik (2006, 2013a) empfindet hingegen, dass richtiges und gutes Management für sich ausreichend ist, da alles Notwendige in diesem Konzept vereint ist. Die Frage danach, welche Position nun Recht hat, lässt sich an dieser Stelle pauschal nicht beantworten. Vielmehr ist folgende Beobachtung wichtig: Unabhängig von Unterschieden oder gewissen Gemeinsamkeiten zwischen den vorgestellten Positionen kann der Frage nachgegangen werden, was alle Positionen vereint. Es ist erkennbar, dass die Autoren (Malik, Zaleznik und Gairola) aus ihrer individuellen Wahrnehmung heraus agieren. Sie beschreiben aus ihrer persönlichen Empfindung heraus das, was sie mit ihren Sinnen direkt aufnehmen können. Was jedoch dem Ganzen zugrunde liegt, wird nicht beantwortet bzw. nachvollzogen. Das Thema Wahrnehmung ist also hierbei entscheidend und es lässt sich eine konkrete Verbindung aus dem Abschn. 3.2. über die impliziten Führungstheorien zur Führung aus Sicht der Wirtschaftswissenschaften ziehen: Verschiedene Konstruktionen bzw. Positionen zum Thema Führung basieren darauf, dass die Autoren in verschiedenen Kontexten bzw. aus verschiedenen Kontexten heraus jeweils individuelle Wahrnehmungen bilden. Hierbei spielt mit Sicherheit auch der kulturell-organisationale Kontext eine Rolle, da alle drei Autoren eine unterschiedliche Herkunft haben (vgl. Abb. 9.1).

Weitere deutliche Indikatoren der Rolle der Wahrnehmung in der Thematik lassen sich vor allem bei Malik finden, und zwar durch Aussagen wie „wie mir scheint" (Malik 2006, S. 285), „ich meine" (Ebenda, S. 285) und „ich halte das für" (Ebenda, S. 291). Zaleznik (1992) verwendet ebenso einleitende Aussagen wie z. B. „to me", „it seems to me", „in my experience" (Zaleznik 1992, S. 10 f.), allerdings benutzt er diese nicht im Text, sondern in einem *retrospective commentary* (vgl. Zaleznik 1992, S. 10 f.). Ein systematischer Zugang insgesamt, der es den Autoren erlaubt auf wissenschaftlicher Basis etwas zu belegen, fehlt. Vielmehr wird der Eindruck vermittelt, dass Bezüge, Verweise oder Beispiele, welche die Autoren anbringen, so gewählt sind, dass der jeweilige Autor seine Position (aus seiner Wahrnehmung heraus) zurechtlegen und schließlich auch in Konfrontation mit anderen Positionen rechtfertigen kann (vgl. Steckelberg 2017a).

9.4   Pädagogische Führung

Beim Thema Führung aus pädagogischer Sicht können verschiedene Aspekte herangezogen werden. Exemplarisch wird an dieser Stelle auf zwei mögliche Perspektiven näher eingegangen. Erstens aus der Sicht des klassischen Erziehers (bzw. auch der Lehrpersonen). Diese Sichtweise wird einen Hauptteil in diesem Kapitel ausmachen. Zweitens kann die pädagogische Führung aber auch aus der Sicht einer leitenden Funktion, hier am Beispiel einer Schulleitung, betrachtet werden. Die letztere Perspektive stellt eine Ergänzung dar. Hierbei werden weitere, wichtige Aspekte angesprochen, die über den ersten Teil dieses Kapitels (Führung durch Erzieher bzw. Lehrpersonen) hinausgehen.

9.4.1   Führung aus der Sicht des Erziehers bzw. der Lehrperson

9.4.1.1 Führungsstile nach Lewin

Angefangen mit der Perspektive eines Erziehers bzw. einer Lehrperson wird der (Führungs-) Stil – aus allgemeinpädagogischer Sicht – folgendermaßen definiert: „Stil als die Art und Weise, wie Erzieher im täglichen erzieherischen Handeln mit ihren Zöglingen umgehen." (Müller 1965, S. 8). Bekannt sind in diesem Kontext die Führungsstile nach Lewin (vgl. Müller 1965, S. 12 f.), der Führungsstile als Gegenstand pädagogischer Experimente betrachtet hat. Lewin hat in diesem Zusammenhang eine pädagogische Versuchsanordnung durchgeführt, mit der Intention die Wirkungen dreier unterschiedlicher – experimentell hergestellter – Führungsstile festzustellen. Bevor auf die Untersuchungsergebnisse näher eingegangen wird, ist es sinnvoll, die aufgeführten Führungsstile zunächst kurz zu umschreiben:

- *autokratischer Führungsstil:* Synonym für diesen Führungsstil werden u. a. die Bezeichnungen autoritär oder hierarchisch benutzt. Die Führungsperson entscheidet, was gemacht wird bzw. wie die Mitglieder sich zu verhalten haben. Die Gruppenmitglieder folgen den Entscheidungen und haben selbst wenig bis gar keinen Freiheitsspielraum. Der Bewertungsmaßstab seitens der Führungsperson ist dabei subjektiv.
- *demokratischer Führungsstil:* Eine häufige (synonyme) Bezeichnung ist auch der kooperative Führungsstil. Die Führungsperson überlässt der Gruppe – so oft wie möglich und auch sinnvoll – einen hohen Grad an Mitbestimmung sowie Handlungsspielraum. Die Führungsperson achtet darauf, dass das

Ziel nicht aus dem Blick gerät und objektive Bewertungsmaßstäbe angesetzt
werden.

• *laissez-faire Führungsstil:* Hier ist die Führungsperson zwar physisch anwe-
send, aber möglichst passiv der Gruppe gegenüber. Die Führungsperson hält
sich möglichst aus den Gruppenaktivitäten raus. Sie verweist lediglich auf vor-
handene Ressourcen und greift nur ausnahmsweise aktiv ein, falls von der
Gruppe oder einzelner Mitglieder verlangt (vgl. Müller 1965, S. 13 f.).

Lewin und Lück (2009) stellt in diesem Zusammenhang zwischen den genannten
Führungsstilen Beziehungen der Ähnlichkeit und der Verschiedenheit fest und plädiert dafür, diese Beziehungen zueinander besser in Form eines Dreieckes, anstatt
in Form eines Kontinuums darzustellen[3] (vgl. Lewin und Lück 2009, S. 204):
    „In mancher Hinsicht sind Autokratie und Demokratie ähnlich: Beide bedeuten
Führung im Gegensatz zur Nicht-Führung des Laissez-faire; sie beide bedeuten Disziplin und Organisation gegenüber Chaos. In anderer Hinsicht ähneln
sich Demokratie und Laissez-faire: Beide geben den Gruppenmitgliedern insofern Freiheit, als diese entsprechend ihrer eigenen Motivation handeln können statt
von Kräften bewegt zu werden, die von einer Autorität ausgehen, zu der sie selbst
nicht gehören." (Lewin und Lück 2009, S. 204; vgl. dazu auch Abschn. 3.4.3.).
Aus den Experimenten von Lewin ergeben sich folgende Beobachtungen (vgl.
Müller 1965, S. 15 f.):

• Apathische oder aggressive Reaktionen auf den autokratischen Stil sowie
erhöhte Binnenspannungen (sogenannte in-group tensions) innerhalb dieses
Klimas. Letzteres Phänomen konnte auch beim laissez-faire Führungsstil
festgestellt werden. Ähnliche Ergebnisse lassen sich auch unter dem Beob-
achtungsaspekt der Gruppenmoral wiederfinden;
• Zusammenarbeit und auch dessen Qualität war sowohl in qualitativer als auch
in quantitativer Hinsicht bei demokratisch geführten Gruppen am besten;
• Die Arbeitsintensität wechselt mit den Führungsstilen (vgl. Müller 1965,
S. 15 f.).

Walz (1960) hat in Anlehnung an Lewin vergleichbare Studien durchgeführt.
Die Autorin bestätigt die Ergebnisse Lewins und entkräftet die Kritik daran,
dass sein Untersuchungsschema nicht auf deutsche Kohortengruppen späterer Zeit
übertragbar sei. Walz (1960) konnte zeigen, „[...] daß für das Sozialgeschehen

---

[3]Die genaue Begründung, warum Lewin und Lück (2009) ein Dreieck gewählt hat, soll im
Zwischenfazit II erfolgen.

und die Sozialerziehung in der Schule der Führungsstil des Lehrers von aus-
schlaggebender Bedeutung ist." (Walz 1960, S. 245). Weiter ist entscheidend,
dass die Untersuchung der verschiedenen Erziehungsstile den Fokus weniger
auf die persönliche Eigenart des Erziehers als vielmehr auf die Struktur des
gesellschaftlichen Gesamtzusammenhangs richten soll (vgl. Müller 1965, S. 12).

9.4.1.2 „Führen" und „Wachsenlassen"

Pädagogische Führung aus der Sicht eines Erziehers bzw. einer Lehrperson kann
aber noch weiter beschrieben werden. Innerhalb dieser Führungsthematik tauchen
zwei, oft wiederkehrende und gegenteilige, Positionen auf. Zum einen gibt es
die Position des „Führens" und zum anderen die Position des „Wachsenlassens".
Eine dritte Möglichkeit stellt die Synthese beider Positionen dar (vgl. Litt 1967,
S. 48 ff.). Bei der „Führung" ist der Lehrer bzw. Erzieher dafür verantwortlich,
seinem Zögling das Ziel sowie den Weg dahin aufzuzeigen. Die Absicht dahin-
ter ist, dass der Zögling in eine bestimmte Richtung „gelenkt" werden soll, die
nicht unbedingt seinem Wunsch entsprechen muss: „[…] stabilisieren wir Recht
und Pflicht des Erziehers zu handeln – zu handeln auch da, wo nicht das Verlan-
gen des Kindes ruft." (Litt 1967, S. 65). In diesem Zusammenhang spielt aber
nicht nur die Lenkbarkeit des Zöglings eine Rolle, sondern auch seine Formbarkeit (vgl. Burkard und Weiß 2008, S. 127). Der Zögling ist das Material, das vom
Lehrer bzw. Erzieher geformt wird. Führen als „Formen" in einer extremen Ausprägung ist in der behavioristisch-orientierten Pädagogik nach Watson (1968) zu
finden, der eine beliebige Formbarkeit jeglichen Zöglings unterstellt: „Gebt mir
ein Dutzend gesunder, wohlgebildeter Kinder und meine eigene Umwelt, in der
ich sie erziehe, und ich garantiere, daß ich jedes nach dem Zufall auswähle und
es zu einem Spezialisten in irgendeinem Beruf erziehe, zum Arzt, Richter, Künst-
ler, Kaufmann oder zum Bettler und Dieb, ohne Rücksicht auf seine Begabungen,
Neigungen, Fähigkeiten, Anlagen und die Herkunft seiner Vorfahren. […] *Per-
sönlichkeit ist nichts anderes als das Endprodukt unserer Gewohnheitssysteme.*"
(Watson 1968, S. 123 und 270; Hervorhebung im Original).

Demgegenüber steht die Theorie des „Wachsenlassens". Die Entfaltung des
Zöglings erfolgt dabei von innen heraus (vom Zögling selbst). Der Lehrer bzw.
Erzieher hat in diesem Rahmen dafür Sorge zu tragen, dass der natürliche Ent-
wicklungsvorgang des Zöglings gehütet und vor (äußeren) Störfaktoren beschützt
wird. Ein Beispiel hierfür ist vor allem die „Negative Erziehung" Rousseaus (vgl.
Burkard und Weiß 2008, S. 67). Sein Leitgedanke ist dabei folgender: „Alles, was
aus den Händen des Schöpfers kommt, ist gut; alles entartet unter den Händen
des Menschen. […] Nichts will er so, wie es die Natur gemacht hat, nicht einmal
den Menschen. Er muß ihn dressieren wie ein Zirkuspferd. Er muß ihn seiner

Methode anpassen und umbiegen wie einen Baum in seinem Garten." (Rousseau 1963, S. 107). Bei dieser Form der Erziehung ist schließlich von Bedeutung, dass situationsspezifisch (je nach Entwicklungsstufe) das jeweilige Verhältnis zwischen „Bedürfnissen" und natürlichen „Fähigkeiten" des Zöglings berücksichtigt wird (vgl. Burkard und Weiß 2008, S. 67).

Litt (1967) setzt sich sowohl mit dem „Führen" als auch mit dem „Wachsenlassen" als Phänomen pädagogischer Erziehung auseinander und kommt zu dem Schluss, dass eine Synthese von beiden sinnvoll wäre. Er plädiert dabei für ein Zusammenspiel aus einem „verantwortungsbewussten Führen" einerseits und einem „ehrfürchtig-geduldigen Wachsenlassen" auf der anderen Seite (vgl. Litt 1967, S. 81 f.).

9.4.2   Pädagogische Führung einer Organisation

Das Thema der pädagogischen Führung kann allerdings, über die Sicht des Lehrers bzw. Erziehers hinaus, um eine zusätzliche Perspektive erweitert werden. Es geht dabei um die pädagogische Führung einer Organisation am Beispiel der Schule und die Notwendigkeit, verstärkt pädagogische Führung als Schulleitung zu betreiben (vgl. Dubs 1994, S. 219 ff.). Bisweilen investieren die Schulleiter zu wenig Zeit für die pädagogische Führung, u. a. auch deswegen, weil ein Großteil der verfügbaren Zeit der sogenannten administrativen Führung zum Opfer fällt (vgl. Dubs 1994, S. 219). Für einen umfassenden Erfolg einer Schule plädiert der Autor in der Folge für mehr Anteile an pädagogischer Führung. Hierbei sollten Schulleiter sogar mehr als 50 % ihrer Arbeitszeit für pädagogische Führung aufwenden, da nach Dubs (1994) die pädagogische Führung als wichtigster Faktor der Schulentwicklung gilt. Dubs (1994) verwendet in diesem Kontext sowohl den Begriff der pädagogischen Führung als auch den des pädagogischen Leaderships. Als Fokus pädagogischer Führung wird die persönliche Entwicklung der Lehrkräfte sowie die Entwicklung der Schule genannt: „Diese Aufgabe erfordert Leadership […], indem es gelingen muss, bei allen Aktivitäten die Ziele der Schule und die Bedürfnisse der Lehrkräfte in Übereinstimmung zu bringen. Die wesentliche Voraussetzung dazu ist die pädagogisch-professionelle Autorität." (Dubs 1994, S. 220; vgl. auch folgend die Abb. 9.4 und 9.5).

Etwas in „Übereinstimmung" zu bringen erfordert als Grundlage eine ganzheitliche Betrachtung der Situation. Diese Ganzheitlichkeit rückt Dubs (1994) in den Vordergrund. Schließlich zielt die pädagogische Führung einer Schule darauf ab, die „Lernerfolge der Lernenden" zu stärken (s. die nachfolgenden Abb. 9.4 und 9.5).

Die pädagogisch-professionelle Autorität (vgl. Abb. 9.5), die auch als pädagogische Kraft bezeichnet wird und Bestandteil erfolgreichen Leaderships ist,
ist nach Dubs (1994) unabdingbar. Die Schulleitung benötigt Praxiserfahrung
und das pädagogische Know-how, um die Schule überhaupt leiten zu können,
da anderweitig „das erfahrene Problemverständnis fehlen würde." (Dubs 1994,
S. 130). Gerade dieses Verständnis trägt dann dazu bei, dass Visionen und
Führungsaufgaben erfolgreich angegangen werden können. Bewusst nennt Dubs
(1994) in diesem Zusammenhang den Begriff des „pädagogischen Leaderships",
der für die Effektivität einer Schule steht. Allgemeine Gelingensbedingung ist
schließlich ein hohes Maß an Professionalität (vgl. Dubs 1994, S. 130 f.).

9.4.3   Zwischenfazit II

Folgende Schlussfolgerungen lassen sich an dieser Stelle aus den bisherigen
Betrachtungen ziehen: Das Thema der Führungsstile nach Lewin und Lück (2009)
ist eng mit dem Thema der impliziten (Führungs-) Theorien aus dem Abschn. 3.2.
verknüpft. Wie in Abschn. 3.2. bereits angedeutet, werden Führungserfahrungen
nicht nur im beruflichen Kontext, sondern auch im erzieherisch–schulischen Kontext gesammelt. Das aufgeführte Experiment von Lewin veranschaulicht, dass
individuelle und gruppenbezogene Wahrnehmungen von bestimmtem Führungsverhalten besondere Wirkungen in Form von Gruppendynamiken hervorrufen. In
der Interaktion mit der jeweiligen Führungsperson konstruieren die Akteure in der
Folge ihre eigenen Führungsschemata. Vergleichbar ist das mit der Lehrperson in
der Schule und der Wahrnehmung darüber, wie diese im Hinblick auf Eigenschaften und Verhalten ist, bzw. sein soll. Jeder hat mindestens eine gewisse Zeit in der
Schule verbracht und verschiedene Lehrpersonen erlebt. Walz (1960) bestätigt in
diesem Zusammenhang die Tatsache, dass der Erfahrungsbereich Schule ein prä-
gender Ort auch für die Auseinandersetzung mit verschiedenen Führungspersonen
ist (vgl. Walz 1960, S. 245). Die aus der individuellen oder (konsensbezogen)
gruppenübergreifenden Wahrnehmung heraus konstruierten Führungsschemata,
lassen sich schließlich auf dem Dreieck nach Lewin aus Abb. 9.3 einordnen. Eine
wichtige Anmerkung in diesem Zusammenhang ist, dass ein Führungsstil nicht
per se für sich alleine stehen muss bzw. kann. Zu erwähnen sind deshalb noch
die Umschreibungen *hart* und *weich* und die damit verbundene Frage, welcher
Führungsstil das jeweils dominierende Element ist (vgl. Lewin und Lück 2009,
S. 204 f.). Die Intention, das Verhältnis der Führungsstile in Form eines Dreiecks
darzustellen, zeigt einen erheblichen Unterschied zu vorherigen Betrachtungen,
die den Blick auf ein Kontinuum gerichtet haben. Lewin (1944) begründet das

Abb. 9.3 Dreieck nach
Lewin (Darstellung in
Anlehnung an Lewin und
Lück 2009, S. 204)

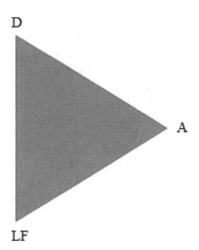

folgendermaßen: „Wer im Sinne eines Kontinuums denkt, kann Demokratie nur
als etwas *zwischen* autokratischer Führung und Gesetzlosigkeit ansehen [...] Es
ist eine Vorbedingung demokratischer Erziehung, dass diese Auffassung überwun-
den wird. Der demokratische Führer ist nicht weniger Führer und hat in gewisser
Weise nicht weniger Macht als der autokratische Führer." (Lewin und Lück 2009,
S. 204).

Ferner ist es wichtig, die genannten Führungsstile noch darin zu unterscheiden, ob es sich um einen aktiven oder um einen passiven Führungsstil handelt.
Lewin selbst grenzt den laissez-faire Führungsstil als „Nicht-Führung" gegenüber

Abb. 9.4 Pädagogische Führung einer Schule (Darstellung in Anlehnung an Dubs 1994,
S. 220)

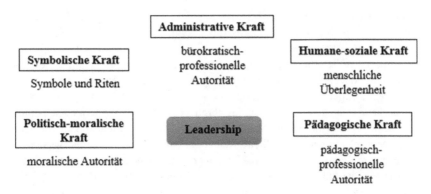

Abb. 9.5 Die fünf Kräfte erfolgreichen Leaderships (Darstellung in Anlehnung an Dubs 1994, S. 130)

dem autokratischen und demokratischen Führungsstil ab (vgl. Lewin Lewin und Lück 2009, S. 204). Im Verständnis von Lewin würde das bedeuten, dass Führung in diesem Rahmen immer aktiv sein muss. Da der laissez-faire Führungsstil aber vorwiegend passiver Natur ist, ordnet Lewin diesen nicht unter (aktiver) Führung ein. Diese Unterscheidung zwischen aktiv und passiv ist notwendig, um zu verstehen, dass ein Führungsstil auch überwiegend passives Verhalten beinhalten kann. Es handelt sich um eine andere Art der Führung, bei der die Führungsperson zwar den Rahmen schafft, aber innerhalb dieses Rahmens nicht notwendigerweise eingreift.

Weiterhin lässt sich ebenfalls das Thema des „Führens" und „Wachsenlassens" in die Auseinandersetzung mit den Führungsstilen nach Lewin miteinbeziehen. Danach ist der laissez-faire Führungsstil dem Aspekt des „Wachsenlassens" und der autokratische Führungsstil dem Aspekt des „Führens" zuzuordnen. In Anlehnung an die Synthese nach Litt (1967) könnte in der pädagogischen Praxis ein Spannungsfeld zwischen (verantwortungsbewusstem) Führen und (ehrfürchtig-geduldigem) Wachsenlassen entstehen. Der demokratische Führungsstil kann dabei als das Resultat dieses Spannungsfelds gesehen werden. Anhand der Ergebnisse Lewins zu den genannten Führungsstilen konnte zudem herausgearbeitet werden, dass der demokratische Führungsstil innerhalb dieser Untersuchung am besten abschneidet. Dieser Führungsstil lässt sich dann auch zu Dubs (1994) und seinen Betrachtungen zur pädagogischen Führung in Verbindung bringen, denn Letzterer plädiert in Bezug auf Führung einer Schule ebenso für einen kooperativen (demokratischen) Führungsstil, welcher partizipativ-situativ ausgestaltet sein

soll (vgl. Dubs 1994, S. 86 ff.). Nach Dubs gehören weiter pädagogische Führung
und Leadership als Führungsform zusammen (vgl. Dubs 1994, S. 117 ff.; vgl. die
Diskussion im Abschn. 3.3.).

Zu beachten ist schließlich, dass in diesem Abschnitt an der Schnittstelle zwischen der Pädagogik und der Psychologie gearbeitet wurde und eine Abgrenzung
zu diesem Zeitpunkt noch schwierig ist. Weiterhin ist wichtig anzumerken, dass
die aufgeführten Autoren wieder aus ihren persönlichen Vorstellungen heraus
argumentieren und ihre impliziten Theorien zum Thema Führung äußern. Sie nehmen dabei jeweils unterschiedliche Kategorisierungen vor, bei denen wiederum
keine andere Begründung erkennbar ist, außer ihrer eigenen Sichtweise. Dies kann
am Beispiel der Führungsstile nach Lewin und Lück (2009) und der Ausdifferen-
zierung in *weiche* und *harte* Führungsstile sowie am Beispiel des *Führens* und
Wachsenlassens mit seinen jeweils möglichen Ausprägungen festgemacht werden. Die Autoren beschreiben demnach aus ihrer Beobachtung heraus das, was sie
dabei – ausgehend von ihren impliziten Führungstheorien – wahrnehmen. Diese
persönlichen Beobachtungen können somit offensichtlich nicht rein objektiver
Natur sein. Aufgrund der im Abschn. 3.3. und in diesem Abschnitt aufgezeigten Zusammenhänge zwischen den behandelten Disziplinen und den impliziten
(Führungs-) Theorien soll auch im Folgeabschnitt über die *Psychologische Sichtweise* geprüft werden, ob und inwieweit implizite (Führungs-) Theorien auch dort
eine Rolle spielen.

9.5   Psychologische Sichtweise

Im Abschn. 3.2. zu den impliziten Führungstheorien wurden verschiedene Kontexte aufgeführt, in denen der Aspekt der Führung von Bedeutung ist. In den
darauffolgenden Abschnitten wurde die Führungsthematik dann zunächst aus der
Sicht der Wirtschaftswissenschaften und der Pädagogik thematisiert und es wurde
diskutiert, inwieweit der Aspekt der Führung aus der Sicht der jeweiligen Disziplin in Verbindung zu impliziten Vorstellungen bzw. Wahrnehmungen über
Führung steht. Begonnen wurde mit dem beruflichen Kontext im Bereich der
Wirtschaftswissenschaften und weiter ging es mit dem schulisch-erzieherischen
Kontext im pädagogischen Teil. Um einer logischen Linie zu folgen, soll nun
in diesem Abschnitt schwerpunktmäßig der Kontext Familie und das Thema Führung bzw. Erziehung innerhalb dieses Rahmens betrachtet werden. Ergänzend soll
am Schluss noch die Sichtweise der Arbeits- und Organisationspsychologie zum
Thema Führung aufgegriffen werden.

9.5.1 Eltern-Kind-Interaktion

Wie bereits in den vorherigen Abschnitten gezeigt, macht ein Kind seine ersten Führungserfahrungen bereits in den ersten Lebensjahren. Das Kind erlernt im Laufe seiner Entwicklung Verhaltensweisen, die die Eltern zu steuern versuchen. Ob eine bestimmte Verhaltensweise angebracht ist oder nicht, erlernt das Kleinkind durch Ausprobieren. Dabei sammelt das Kind Führungserfahrungen überwiegend innerhalb der Eltern-Kind-Interaktionen. Zu erwähnen sind ergänzend noch Interaktionssituationen mit weiteren Familienmitgliedern oder sogar Außenstehenden, die durchaus eine Rolle spielen können. In der konkreten Interaktion ist hierbei die „Reaktionsqualität" der jeweils relevanten Umwelt entscheidend: „Ob eine bestimmte Verhaltensweise effektiv ihr Ziel erreicht, hängt von dem ab, was man die *Reaktionsqualitäten* der Umwelt nennen könnte, das heißt davon, in welcher Weise die Umwelt auf die Handlungen reagieren kann, die die Person in ihr vornimmt." (Sears et al. 1977, S. 20; Hervorhebung im Original).

Z.B. stellt die Mutter nach Sears et al. (1977) in der Interaktion mit dem Kind die relevante Umwelt dar. Sie versucht, in der Erziehung u. a. durch „intentionales Training" und „Manipulation" zu erreichen, dass unerwünschte Verhaltensweisen durch erwünschte Verhaltensweisen ersetzt werden. Die Erziehung ist aber nicht nur ein einseitiger Prozess, denn auch das Kind möchte Verhaltensweisen durchsetzen, die es schon „beherrscht" (vgl. Sears et al. 1977, S. 20 ff.). Dadurch entsteht ein Spannungsfeld, das es im Erziehungsprozess zu lösen gilt. Die Qualität der Erziehung ist allerdings nicht immer gleichbleibend und es gibt nicht nur interpersonelle Unterschiede zwischen den Erziehern, sondern auch intrapersonelle Abweichungen. Das hat damit zu tun, dass die Reaktionsqualität einer Mutter z. B. nicht immer gleich gut (rational) und durch eine nötige Ruhe (als emotionaler Zustand) gekennzeichnet ist (vgl. Sears et al. 1977, S. 22). Es macht zudem auch einen Unterschied, ob ein Elternteil in der Interaktion mit dem Kind „lehrt" oder „belehrt": „Aber ob sie nun lehren oder nicht, die stetige Interaktion hat eine bleibende Wirkung auf das Kind in dem Sinne, daß sie seine Möglichkeiten für künftiges Handeln ebenso wie sein gegenwärtiges Handeln beeinflussen." (Sears et al. 1977, S. 22). Kindererziehung wird nach Sears et al. (1977) abschließend als ein „kontinuierlicher Vorgang" gesehen, mit dem Ziel, das Kind zu sozialisieren[4] (vgl. Ebenda, S. 23).

---

[4] „Es bedeutet zum großen Teil die Entwicklung von angemessenen Verhaltensweisen, richtigen (und das heißt erwachseneren) Interaktionsformen mit anderen Menschen." (Sears et al. 1977, S. 23).

9.5.2 Problematisches Erziehungsverhalten

Die Absicht, das Kind zu sozialisieren, kann stellenweise dadurch gehemmt werden, dass Eltern problematisches Erziehungsverhalten gegenüber dem Kind zeigen. Lückert (1960) führt in der Thematik der Eltern-Kind-Erziehung verschiedene (problematische) Formen von Erziehungsverhalten auf, die jeweils spezifische Charakteristika und Wirkungen aufweisen: a) „die lieblose Mutter" (Lückert 1960, S. 11 ff.), b) „der herrschsüchtig-strenge Vater" (Lückert 1960, S. 23 ff.) und c) „die widerspruchsvolle Erziehung" (Lückert 1960, S. 49 ff.). Beginnend mit der (a) lieblosen Mutter ist anzumerken, dass insbesondere die Liebe der Mutter ein „notwendiges seelisches Nahrungsmittel" für das Kind ist (Lückert 1960, S. 21). Das 1. Lebensjahr ist für das Kind nach Lückert (1960) in diesem Zusammenhang besonders prägend. Erfährt das Kind in dieser ersten Lebensphase bereits Liebensentzug, kann es in der Folge zu „Störungen[5]" kommen, die im späteren Leben in der Regel nicht mehr zu beheben sind. Die Stärke der Störung ist dabei von der Dauer und der Intensität des Liebensentzugs abhängig (Lückert 1960, S. 19). Lückert (1960) nennt in diesem Rahmen verschiedene Erscheinungsformen von Störungen, die an dieser Stelle nicht weiter ausgeführt werden sollen (siehe dazu: Lückert 1960, S. 18 ff.). Als Gegenpart zur lieblosen Mutter zählt – hier der Vollständigkeit halber genannt – die Mutter, die ihr Kind „verzärtelt" (Lückert 1960, S. 39 ff.). Der (b) herrschsüchtig-strenge Vater, dessen Gegenspieler der „nachgiebig-resignierende Vater" (Lückert 1960, S. 24) ist, verwendet die Strafe als Form der Erziehung: *„Ein Vater, der streng und herrschsüchtig ist, bestraft sein Kind übermäßig hart, selbst bei kleinen Vergehen.* Der herrschsüchtig-strenge Vater hat fast nie einen richtigen Maßstab in der Beurteilung von Fehlern bei seinen Kindern." (Lückert 1960, S. 27; Hervorhebung im Original). Auch bei dieser Erziehungsform kann es zu (charakterlichen) „Fehlentwicklungen" des Kindes kommen (vgl. Lückert 1960, S. 32 ff.). Das Autoritätsproblem des herrschsüchtig-strengen Vaters sowie das Liebesproblem der lieblosen Mutter kann verschiedene Ursachen haben. Oft finden sich aber deutliche Parallelen zur eigenen Erziehung und zur Erziehungsform, die später gegenüber dem Kind angewandt wird (vgl. Lückert 1960, S. 15 ff. und S. 30 ff.). Die (c) widerspruchsvolle Erziehung schließlich – auch „Kontrasterziehung" (Lückert 1960, S. 49) genannt – ist durch eine Unberechenbarkeit und Unstetigkeit des Erziehungsverhaltens einzelner oder beider Elternteile gekennzeichnet und enthält zumeist Elemente von Lob und Strafe. Gerade das Merkmal

---

[5]Im Sinne der Entwicklung von „sozialen Fehlformen" (Lückert 1960, S. 114).

der Unstetigkeit führt dazu, dass beim Kind auch wieder sogenannte Störungsbilder entstehen können (vgl. Lückert 1960, S. 49 ff.). Problematische Aspekte in der Eltern-Kind-Erziehung werden von Lückert (1960) ausführlich behandelt. Im Hinblick auf eine gute Erziehung vertritt er dann folgendes Plädoyer: „Es bedarf einer wirklichen Kunst, das Kind so zu führen und zu erziehen, daß einerseits sich seine inneren Wachstumskräfte verwirklichen können, andererseits sie sich aber einfügen in die familiäre und gesellschaftliche Ordnung." (Lückert 1960, S. 26). Dazu ist ein gelungenes Wechselspiel zwischen Ermutigung in Form von Gefühlszuwendung auf der einen Seite und Einschränkung in Form von „echter" Autorität auf der anderen Seite notwendig, was als Gelingensbedingung darüber hinaus auch noch durch Stetigkeit im Erziehungsverhalten gekennzeichnet sein sollte (vgl. Lückert 1960, S. 21 f., S. 37 f. und S. 49 ff.).

9.5.3   Klassifizierung elterlichen Erziehungsverhaltens

Wild und Gerber (2008) folgen dem Plädoyer nach Lückert (1960) und merken an, dass im Gegensatz zu „traditionalen Gesellschaften", in heutiger Zeit eine „autoritative" Erziehung in den Fokus rückt, dessen Definition weitestgehend der obig aufgeführten Forderung nach Lückert (1960) ähnelt (vgl. Wild und Gerber 2008, S. 485). Studien belegen zudem die positiven Wirkungen autoritativ erzogener Jugendlicher: „[…] dass autoritativ erzogene Jugendliche, die in ihrem Elternhaus eine Kombination von Wärme und Kontrolle bzw. Überwachung erfahren hatten, selbstbewusster, emotional stabiler, sozial kompetenter und leistungsfähiger waren als Gleichaltrige, die autoritär oder nachlässig erzogen worden waren […]." (Wild und Gerber 2008, S. 485).[6]

Hock (2008) setzt sich in Anlehnung an Wild und Gerber (2008) auch mit der Klassifizierung elterlichen Erziehungsverhaltens (Erziehungsstile) auseinander und erklärt im Hinblick auf die Definition des Begriffs *Erziehungsstil*, dass es für

---

[6]Die Definition des autoritären und nachlässigen Führungsstils ähnelt dem autokratischen und laissez-faire Führungsstil nach Lewin (vgl. Müller 1965, S. 13 f., vgl. auch Abschn. 3.4.1.1.). Der autoritative Führungsstil hat folgende Merkmale: [Ein Erziehungsstil,] „bei dem Eltern auf ihre Kinder „mit Zuneigung und emotionaler Wärme, mit klaren und erklärbaren Regeln, mit der Bereitstellung entwicklungsangemessener Anregungsbedingungen und mit der Gewährung sich erweiternder Handlungsspielräume Einfluss nehmen"[…]." (Wild und Gerber 2008, Hervorhebung im Original).

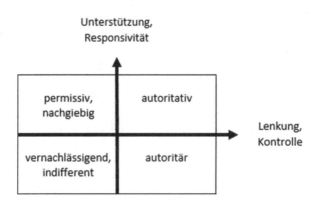

Abb. 9.6 Zweidimensionale Klassifikation basaler Erziehungsstile (Darstellung in Anlehnung an Hock 2008, S. 493)

das Verständnis im Vorab notwendig ist, zwischen Erziehungswissen[7] und Erziehungspraktiken[8] zu unterscheiden und dass beide Aspekte in der Erziehungspraxis nicht zwangsläufig zusammenlaufen (vgl. Hock 2008, S. 491). Unter „Erziehungsstil" fasst Hock (2008) Folgendes: „Erziehungsstile sind interindividuell variable, aber intraindividuell vergleichsweise stabile Tendenzen von Eltern, bestimmte Erziehungspraktiken zu manifestieren […]." (Hock 2008, S. 492). Wild und Gerber (2008) benennen in der Klassifizierung elterlichen Erziehungsverhaltens die Dimensionen „Grad an emotionaler Zuwendung" und „Dominanz oder Kontrolle" (Wild und Gerber 2008, S. 485), die Hock (2008) in seiner zweidimensionalen Klassifikation „basaler" Erziehungsstile unter die Begriffe „Responsivität[9] und Unterstützung" sowie „Lenkung und Kontrolle" fasst (Hock 2008, S. 493). In der nachfolgenden Abbildung (Abb. 9.6) ist diese Einteilung der Erziehungsstile nach Hock (2008) dargestellt:

Die Einteilung der Erziehungsstile nach Hock (2008) hängt davon ab, wie ausgeprägt die Erziehung der Eltern gegenüber dem Kind hinsichtlich der Aspekte

---

[7]*„Erziehungswissen* umfasst die alltagspsychologisch fundierten Einstellungen, Ziele und instrumentellen Überzeugungen zur Erziehung." (Hock 2008, S. 491).

[8]*„Erziehungspraktiken* beinhalten demgegenüber spezifische Klassen kindbezogener Verhaltensweisen, die Eltern in erziehungsthematischen Situationen äußern." (Hock 2008, S. 491).

[9]Im Sinne von Feinfühligkeit der Eltern gegenüber dem Kind.

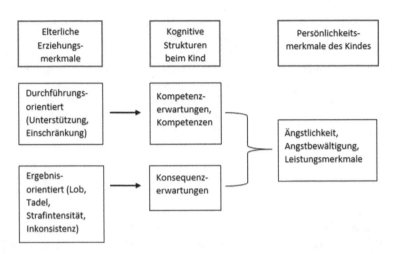

Abb. 9.7 Zweiprozess-Modell elterlicher Erziehungswirkung (Darstellung in Anlehnung an Hock 2008, S. 495)

Responsivität und Unterstützung sowie Lenkung und Kontrolle ist. Je nach Ausprägung ergeben sich die in der Abb. 9.6 aufgeführten Erziehungsstile[10].

Das folgend dargestellte „Zweiprozess-Modell" nach Hock (2008) behandelt dann exemplarisch die Auswirkungen von spezifischem Erziehungsverhalten (vgl. Abb. 9.7). Elterliche Erziehungsmerkmale werden dabei in durchführungs- und ergebnisorientierte Praktiken unterteilt (vgl. Hock 2008, S. 494 f.). Bei den durchführungsorientierten Praktiken geht es darum, ob die Eltern das Kind in seiner Entwicklung vorwiegend unterstützen oder es, beispielsweise durch das Auferlegen von Regeln, Normen oder Meinungsbildern, einschränken (vgl. Hock 2008, S. 495). Bei den ergebnisorientierten Praktiken geht es konkret um positive oder negative Rückmeldungen an das Kind in Form von beispielsweise Lob oder Tadel (vgl. Hock 2008, S. 495, vgl. Abb. 9.7). Den Aufbau von Kompetenzen und Kompetenzerwartungen beeinflussen dabei besonders die durchführungsorientierten

---

[10]Die Definitionen zum autoritativen und autoritären Erziehungs- bzw. Führungsstil ähneln dem Vorangegangenen (vgl. Fußnote 9, vgl. auch Abschn. 3.4.1.1.) und sollen deshalb nicht noch einmal aufgeführt werden. Weiterhin ähnelt der permissive Erziehungsstil dem laissez-faire Führungsstil (vgl. ebenso Fußnote 9 und Abschn. 3.4.1.1.). Auch die Merkmale „nachgiebig" (Hock 2008, S. 493) und „vernachlässigend" (bzw. „indifferent") (Hock 22008008, S. 493) scheinen an der Stelle nicht erklärungsbedürftig zu sein.

Praktiken der Eltern, wohingegen Konsequenzerwartungen beim Kind überwiegend durch ergebnisorientierte Praktiken bestimmt werden (Hock 2008, S. 494). Je nachdem, wie die Praktiken der Eltern ausgeübt werden, entwickeln sich bestimmte Persönlichkeitsmerkmale des Kindes. Z.B. konnten Störungsbilder in Form von „Ängstlichkeit" besonders in Zusammenhang mit „elterlicher Inkonsistenz, negativer Rückmeldung und Einschränkung" gebracht werden (Hock 2008, S. 496; s. Abb. 9.7). Das Kind kann im genannten Fall Kompetenzen dann nur erschwert aufbauen (vgl. Hock S. 494 f.).

9.5.4   Zwischenfazit III

Die Ausführungen zeigen, dass die Eltern-Kind-Interaktionen die kindliche, charakterliche Entwicklung bereits von Geburt an beeinflussen. Das Kind erfährt in der Beziehung zu seinen Eltern bzw. durch deren Erziehung wichtige „Grund- und Schlüsselerlebnisse" (Lückert 1960, S. 116). Das Kind nimmt in der Folge in „stetiger Interaktion" wahr, wie es durch seine Eltern erzogen, bzw. geführt wird (Sears et al. 1977, S. 22). Dabei spielen nicht nur die (impliziten) Führungsvorstellungen der Eltern eine Rolle, sondern auch die Wahrnehmungen und Vorstellungen des Kindes, ob es in einer gegebenen Situation überhaupt in einer bestimmten Art und Weise geführt werden möchte. Die Erziehenden haben an dieser Stelle die herausfordernde Aufgabe, das „kunstvolle" Wechselspiel, zwischen Zuwendung, Kontrolle oder Gewährenlassen, zu meistern (vgl. Lückert 1960, S. 26). Ein weiteres wichtiges Merkmal – sozusagen Gelingensbedingung erfolgreicher Erziehung bzw. Führung – ist eine „sichere Bindung" (Wild und Gerber 2008, S. 486). Damit eine solche sichere Bindung entstehen kann, sind Aspekte wie Feinfühligkeit[11] und Responsivität[12] der primären Bezugspersonen entscheidend (vgl. Wild und Gerber 2008, S. 486 f.). In jedem Fall sind die Erfahrungen, die das Kind im Kontext Familie macht, prägend für die Konstruktion (impliziter) Führungsschemata wie auch im Hinblick auf implizite Wahrnehmungen über Führung im Allgemeinen.

---

[11]Unter *Feinfühligkeit* wird verstanden, wie gut die Mutter die kindlichen Signale wahrnimmt und angemessen interpretiert, inwiefern sie sich also in die Perspektive des Kindes hineinversetzt und die Welt gleichsam aus den Augen des Kindes erlebt („mind mindedness")." (Wild und Gerber 2008, S. 486 f.).

[12]*Responsivität* bezeichnet die Fähigkeit und Bereitschaft, prompt und angemessen auf die Signale des Kindes zu reagieren, d. h. sich weder überbehütend noch nachlässig zu verhalten." (Wild und Gerber 2008, S. 487).

Eine „sichere Bindung" in der Eltern-Kind-Interaktion ist allerdings, wie insbesondere durch den Abschnitt zu problematischem Erziehungsverhalten gezeigt wird, nicht immer gegeben. Extremes Erziehungsverhalten, wie es nach Lückert (1960) dargestellt wurde, zeigt, dass es beim Kind nicht nur zu Störungen im Entwicklungsverlauf kommen kann, sondern dass diese (Führungs-) Verhaltensformen vom Kind sogar später übernommen werden können. Das Kind kann schließlich nur das wahrnehmen, was die Reaktionsqualität seiner Umwelt als Antwort seines Verhaltens zeigt. Die impliziten Führungsvorstellungen der Heranwachsenden hängen demnach stark davon ab, welches Erziehungsverhalten die Eltern wählen. Dabei sind besonders die Erziehungspraktiken von Bedeutung, aber auch das Erziehungswissen und darin eingeschlossen die impliziten Erziehungs- bzw. Führungsvorstellungen der Eltern (vgl. Fußnoten 10 und 11).

Darüber hinaus scheint der autoritative Erziehungsstil eine gute Mischung aus Responsivität und Unterstützung einerseits sowie Lenkung und Kontrolle andererseits darzustellen (vgl. Wild und Gerber 2008, S. 485). Das Modell nach Hock (2008; s. Abb. 9.6) lässt sich auch in Verbindung zu den Führungsstilen nach Lewin und Lück (2009) bringen, welche im vorangegangenen Kapitel thematisiert wurden. Danach würde der autoritative Erziehungsstil am ehesten dem demokratischen Führungsstil ähneln. Beide (Führungs-) Stile zeigen außerdem die positivsten Ergebnisse. Die positiven Wirkungen des autoritativen Erziehungsstils lassen sich folgendermaßen begründen: Wenn Responsivität (ebenso wie Feinfühligkeit) seitens des Erziehenden vorhanden ist, hat eine sich daraus bildende „sichere Bindung" in der Eltern-Kind-Interaktion zur Folge, dass die Kinder verstärkt bereit sind, sich führen bzw. erziehen zu lassen. Mit anderen Worten: Wenn Responsivität und Unterstützung in gesundem Maße gegeben ist, so hat das positive Auswirkungen auf die Dimension von Lenkung und Kontrolle. Weiter entspricht der autoritäre Erziehungsstil im rechten unteren Quadranten am ehesten dem autokratischen Führungsstil und die beiden Erziehungsstile links oben und links unten stellen verschiedene Ausprägungen des laissez-faire Führungsstils dar.

Aus den bisherigen Betrachtungen können noch weitere Schlüsse gezogen werden: Aufgrund der besagten „Schlüsselerlebnisse" (hier sind vor allem die Führungserfahrungen gemeint) des Kindes in der Erziehung konstruieren die Heranwachsenden implizite Theorien über Führung anhand derer sich konkrete Führungsstile ableiten lassen. Charakteristisch ist auch eine Parallele zur pädagogischen Ausführung in dieser Arbeit. Beobachtungen oder Befragungen spielen dabei als Untersuchungsmethoden bzw. Messverfahren eine wichtige Rolle: „Information über Erziehungsverhalten wird durch Befragung oder Beobachtung gewonnen. Dabei kann auf verschiedene Datenquellen zurückgegriffen werden. Am häufigsten wird das Kind nach der von ihm erlebten Erziehung befragt."

(Hock 2008, S. 498). Während Lückert (1960) hauptsächlich seine Erkenntnisse aus Befragungen bzw. Klientengesprächen aus seiner Therapeutentätigkeit zieht, wird innerhalb der Pädagogik meist mit verschiedenen Beobachtungssettings gearbeitet. Die Ergebnisse der behandelten Positionen zeigen, dass wieder aus eigenen Vorstellungen bzw. eigenen Wahrnehmungen des Beobachters heraus gearbeitet wird und die Autoren daher auch jeweils anders kategorisieren, ohne dass eine andere Grundlage als ihre eigene Sichtweise bzw. Wahrnehmung zu finden ist. Ein Beispiel hierfür ist das Modell nach Hock (2008) (vgl. Abb. 9.6), aus dem eine weitere Unterteilung des laissez-faire Führungsstils im Vergleich zu der Einteilung nach Lewin (vgl. Abschn. 3.4.1.1.) hervorgeht. Durch diesen Schritt ist sogar die Vermutung begründet, dass Vorannahmen (implizite Vorstellungen der Autoren über Führung) das Untersuchungsdesign (z. B. die Befragungsstrategie) beeinflussen.

9.5.5 Führung aus der Sicht der Arbeits- und Organisationspsychologie

Die Arbeits- und Organisationspsychologie, die ergänzend an dieser Stelle noch angeschnitten werden soll, spielt ebenfalls im Rahmen der Führungsthematik eine Rolle. Letzten Endes wechselt dabei nur der Kontext, da vornehmlich der berufliche bzw. organisationale (statt erzieherische) Kontext zum Thema Führung untersucht wird. Klassischerweise sind in diesem Zusammenhang die sogenannten „Ohio-Studien" mit dem „Leader Behavior Description Questionnaire" als Untersuchungsinstrument zu erwähnen, anhand derer selbst erlebtes Führungsverhalten (Beobachtungen und Wahrnehmungen von Arbeitnehmern) untersucht wurde. Ergebnis sind zwei Hauptdimensionen des Führungsverhaltens, die jeweils mehrere Attributionen enthalten (vgl. Nerdinger 2014, S. 88). Es zeigt sich, dass auch die Ergebnisse aus der Führungsforschung einen starken Charakter impliziter Theorien haben, was beispielsweise an der Kontextgebundenheit festgemacht werden kann: „So belegt auch eine Metaanalyse fast ausschließlich amerikanischer Untersuchungen [. …] Transformationale Führung[13] sollte […] nur mit Vorsicht auf europäische Verhältnisse übertragen werden." (Nerdinger 2014, S. 91 f.). Wichtig an dieser Stelle ist, dass von kontextspezifischem bis hin zu individuellem Wahrnehmen bzw. Erleben, unterschiedliche Schemata konstruiert werden.

---

[13]Eine bestimmte Form, mit der der Autor gearbeitet hat.

Dieser Kontextbezug spielte auch im Abschnitt über die *wirtschaftswissenschaftliche Sichtweise* dieser Arbeit eine Rolle, in dem u. a. die unterschiedliche Herkunft der behandelten Autoren thematisiert wurde.

Die „Messbarkeit" (beispielsweise von Attributionen über Führungsverhalten) ist charakteristisch für die psychologische Diagnostik und folglich auch für die psychologische Leadershipforschung. Letzten Endes legt auch diese Disziplin wiederum ihre eigene Sichtweise [(„in our view [...]") Hogan et al. 1994] und ihre Vorstellungen und Wahrnehmungen zum Thema Führung dar. Studien aus der Leadershipforschung ergeben – meist auf Basis von Befragungen – Merkmale und Kategorien zu Leadership-Verhalten. Diese Kategorisierungen dienen dem Zweck der Definition von Führung und schlussendlich dem Individuum oder den Gruppen auch dazu, Führungsmerkmale einzuordnen und zu bewerten: „[...] implicit leadership theory argues that people are seen as leaderlike to the degree that their characteristics (i.e. intelligence, personality, or values) match other peoples' preconceived notions of what leaders should be like." (Hogan et al. 1994).

Ein weiteres bekanntes Führungsmodell – das ergänzend noch aufgeführt werden soll – liefern Hersey und Blanchard (1969, 1977), die das „Situational Leadership Model" beschrieben haben. Beide Autoren gehen davon aus, dass sich die Führungskraft an die jeweils gegebene Führungssituation anpassen muss, um erfolgreich zu agieren. Es gibt daher nicht den einen Führungsstil, der am besten oder effektivsten im Hinblick auf den Führungsprozess anzuwenden ist. Effektive Führung variiert von Person zu Person, von Gruppe zu Gruppe und ebenso je nach Aufgabe oder Tätigkeitsfeld der entsprechenden Mitarbeiter. Hersey und Blanchard (1969, 1977) gründen ihr Modell auf zwei Konzepten, die jeweils – situationsspezifisch – aufeinander abgestimmt sein sollen:

1. Führungsstile und
2. Reifegrad des Mitarbeiters (in Bezug auf Fähigkeit und Willigkeit).

Die Führungsperson wählt in der Folge den jeweiligen Führungsstil unter Berücksichtigung des Reifegrades des Mitarbeiters aus. Die folgende Tabelle (Abb. 9.8), die in Anlehnung an Hersey und Blanchard (1969, 1977) ausgearbeitet wurde, soll dieses Konstrukt verdeutlichen:

Aus der Abb. 9.8 geht hervor, dass dem Mitarbeiter – mit zunehmendem Reifegrad – mehr Freiheiten (mehr Partizipationsmöglichkeiten) gegeben werden. Die Führungsperson muss fortan im Führungsprozess gut beobachten, was das Ergebnis des gewählten Führungsstils ist. Bei erfolgreicher Bewältigung der Aufgabe seitens des Mitarbeiters könnte Letzterem bei einer vergleichbaren Aufgabe in

Reifegrad (Fähigkeit und Willigkeit)	Der empfohlene **Führungsstil**
fähig / unmotiviert	anweisen
nicht fähig / willig und motiviert	argumentieren
fähig / nicht motiviert	partizipieren
fähig / willig	delegieren

Abb. 9.8 Situational Leadership (Darstellung in Anlehnung an Hersey und Blanchard 1969, 1977)

der Zukunft mehr Beteiligung bzw. Freiheit zugesprochen werden. Im gegenteiligen Fall eines Misserfolges (d. h. unter den Erwartungen der Führungsperson) sollte die Führungsperson in Erwägung ziehen, bei zukünftigen Aufgaben erst einmal wieder verstärkt zu kontrollieren. An sich scheint diese Art der Führung nützlich, da beispielsweise auf die individuellen Voraussetzungen der Mitarbeiter näher eingegangen wird. Nach Steckelberg (2017a) kann diese Vorgehensweise allerdings insofern kritisiert werden, als dass sich dadurch mehrere Probleme ergeben: Erstens ist es für die Führungskraft schwierig, diese flexiblen Führungsfähigkeiten zu erlangen und auch einzusetzen. Zweitens kann es die Mitarbeiter untereinander irritieren, wenn sie unterschiedlich behandelt werden. Schließlich ist diese Irritation der Mitarbeiter so gut wie unvermeidbar, vor allem wenn das Führungsverhalten der Führungskraft als unauthentisch erlebt (wahrgenommen) wird (Steckelberg 2017a).

Abschließend gilt ebenso für dieses Teilkapitel, dass unter den vorgestellten Positionen bzw. Aspekten pauschal („besser" vs. „schlechter") nicht bewertet werden kann und soll. Wichtig allerdings ist auch hier (Modell von Hersey und Blanchard eingeschlossen) die Erkenntnis, dass beim Thema Führung abermals kategorisiert wird. Die Uneinheitlichkeit und die Art, wie die Kategorisierungen vorgenommen werden, zeigen, dass diese Kategorisierungen wiederum auf den (eigenen) impliziten Wahrnehmungen der jeweils Beteiligten basieren. Der für Arbeits- und Organisationspsychologie übliche berufliche bzw. organisationale Kontext erlaubt es zudem, eine Verbindung zum wirtschaftswissenschaftlichen Teil dieser Arbeit zu ziehen.

9.6   Fazit Kapitel I

Im Rahmen dieses Kapitels wurden verschiedene Positionen zum Thema Führung aufgegriffen. Im Kern konnte herausgearbeitet werden, dass implizite Führungstheorien für das Thema Führung in allen behandelten Disziplinen von entscheidender Bedeutung sind. Diese begründen u. a., warum es zu teils unterschiedlichen Annahmen, Begrifflichkeiten und Bezeichnungen innerhalb der Führungsthematik kommt. Die Wahrnehmungsebene spielt dabei – bei der Herausbildung impliziter Führungsschemata – die wichtigste Rolle. Über die Untersuchung der aufgeführten Disziplinen hinweg konnte herausgearbeitet werden, dass verschiedene (Erfahrungs-) Kontexte für die Herausbildung von Führungsschemata entscheidend sind. Dies spiegelt sich in der (zeitlichen) Herausbildung impliziter Führungstheorien im Lebensverlauf wieder. Es wurde gezeigt, dass die Konstruktion impliziter Führungsschemata bereits ab der Geburt beginnt und auch in der Folge durch verschiedene weitere Kontexte (insbesondere schulisch–erzieherischer und beruflicher Kontext; vgl. auch Abb. 9.9) geprägt wird. Beispielsweise wurden in diesem Zusammenhang die positiven Wirkungen in der Eltern-Kind-Erziehung („sichere Bindung") ebenso wie die negativen Wirkungen (hervorgerufene Störungsbilder aufgrund von problematischem Erziehungsverhalten) genannt. Sowohl positives als auch negatives Erziehungsverhalten kann zur Konsequenz haben, dass die Wahrnehmung bzw. das Erleben und Verhalten der Heranwachsenden beeinflusst wird. In Kurzform zusammengefasst vereint die aufgeführten Disziplinen (Wirtschaftswissenschaften, Pädagogik und Psychologie) ihr impliziter Charakter, der in der jeweiligen Wissenschaftsdisziplin erkennbar ist und stark durch die (individuelle) Wahrnehmung der jeweiligen Autoren beeinflusst wird.

Schließlich konnte zum Thema Führung – disziplinübergreifend – ein Spannungsfeld in Bezug auf die Kontrollbewältigung bzw. die Auseinandersetzung in der Führungs- bzw. Erziehungssituation herausgearbeitet werden, das in Abb. 9.9 dargestellt wird. Diese Abbildung verdeutlicht noch einmal zusammenfassend, dass beim Thema Führung ein Spannungsfeld zwischen „Kontrolle" auf der einen Seite und „Freiheit gewähren" auf der anderen Seite entstehen kann, was im Führungsprozess ausbalanciert werden muss.

Das in Abb. 9.9 präsentierte Spannungsfeld ist durchaus für die Unternehmenspraxis relevant. In Kap. 10 soll an die Ergebnisse aus diesem Kapitel, insbesondere in Bezug auf das Thema der impliziten Führungstheorien angeknüpft werden, um das Thema der Wahrnehmung in Verbindung mit dem Thema Führung vertiefend zu betrachten.

Abb. 9.9 Spannungsfeld in der Führungs- bzw. Erziehungssituation (Eigendarstellung des Autors)

Literatur

Albrecht, B. (2006). Implizite Führungstheorien in der empirischen Forschung – eine Untersuchung empirischer Studien zu impliziten Führungstheorien. Diplomarbeit. Professur für Organisation und Arbeitswissenschaft TU Chemnitz (Hrsg.): https://www.tu-chemnitz.de/wirtschaft/bwl5/forschung/publikationen/downloads/schriften/pdf/12.pdf. Zugegriffen: 03. Mai. 2017.
Burkard, F.-P., & Weiß, A. (2008). *dtv – Atlas Pädagogik*. München: Deutscher Taschenbuch .
Dubs, R. . (1994). *Die Führung einer Schule – Leadership und Management*. Stuttgart: Steiner .
Gairola, A. (2011): Leadership + Management = Leaderment. Harvard Business Manager.
Hersey, P., & Blanchard, K. H. (1969). Life cycle theory of leadership. *Training & Development Journal, 23*(5), 26–34.
Hersey, P., & Blanchard, K. H. (1977). *Management of organizational behavior: Utilizing human resources* (3. Aufl.). Englewood Cliffs: Prentice-Hall.
Hock, M. (2008). Erziehungsstile und ihre Auswirkungen. In M. Hasselhorn & W. Schneider (Hrsg.), *Handbuch der Pädagogischen Psychologie* (S. 491–500). Göttingen: Hogrefe .
Hogan, R., Curphy, G. J., & Hogan, J. (1994). What we know about leadership: Effectiveness and personality. *American Psychologist*. https://www.davidwoollardhr.co.uk/upl oads/news-documents/10-2-12-What20We20Know20About20Leadership.pdf. Zugegriffen: 03. Mai. 2017.
Lang, R. (2014). Implizite Führungstheorien: „Führung im Auge des Betrachters". In R. Lang & I. Rybnikova (Hrsg.), Aktuelle Führungstheorien und –konzepte, S. 57–88. Wiesbaden: Springer Gabler.
Lewin, K., & Lück, H. E. (Hrsg.). (2009). *Schriften zur angewandten Psychologie – Aufsätze, Vorträge, Rezensionen*. Wien: Krammer .
Lindstädt, H. (2015): Organisationsmanagement – Karlsruher Institut für Technologie (KIT). Institut für Unternehmensführung. Vorlesung Wintersemester 2015/2016.
Litt, T. (1967). *Führen oder Wachsenlassen*. Stuttgart: Klett .

Lückert, H.-R.. (1960). *Eltern-Kind-Erziehung. Kleine Familien- und Erziehungspsychologie.* Augsburg: Winfried-Werk .

Malik, F. (2006). Leadership im Unternehmen – Trends und Perspektiven. In H. Bruch, S. Krummaker, & B. Vogel (Hrsg.), Leadership – Best practices und trends, S. 285–297. Wiesbaden: Gabler.

Malik, F. (2013a). Führen Leisten Leben – Wirksames Management für eine neue Zeit. Limitierte Sonderausgabe 2013. Frankfurt, New York: Campus.

Mühlbacher, J. (2003). Rollenmodelle der Führung – Führungskräfte aus der Sicht der Mitarbeiter. 1. Aufl. 2003. Wiesbaden: Deutscher Universitäts-Verlag.

Müller, C. W. (1965). Erziehung, Führung, Führungsstil. In: K. Mollenhauer & C. W. Müller (Hrsg.), „Führung" und „Beratung" in pädagogischer Sicht. Heidelberg: Quelle & Meyer.

Nerdinger, F. W. (2014). Führung von Mitarbeitern. In F. W. Nerdinger, G. Blickle, & N. Schaper (Hrsg.), Arbeits- und Organisationspsychologie. 3. Aufl., S. 83–102. Berlin, Heidelberg: Springer.

Rousseau, J.-J. (1963). Emile oder Über die Erziehung. Reclam 2012, Ditzingen.

Sears, R. R., Maccoby, E. & Levin, H. (1977). Der Prozeß der Kindererziehung (Child Rearing). In K. Rohsmanith & H. Bonn (Hrsg.), Eltern-Kind-Beziehung, S. 13–24. Darmstadt: Wissenschaftliche Buchgesellschaft.

Six, B., & Six-Materna, I. (2006). Naive Theorien. In H.-W. Bierhoff & D. Frey (Hrsg.), *Handbuch der Sozialpsychologie und Kommunikationspsychologie* (S. 322–329). Göttingen: Hogrefe .

Six, B. (2009). Implizite Persönlichkeitstheorie. In H. O. Häcker & K.-H. Stapf (Hrsg.), Dorsch Psychologisches Wörterbuch. Verlag Hans Huber, 15., überarbeitete und erweiterte Auflage, Bern. S. 460.

Steckelberg, A. V. (2017a). Leadership and Management – Past, Present and Future How Complexity and Creativity Form the Fields and Which Role Culture Plays and Ethic Has to Play. Workpaper, Version April 2017. https://www.academia.edu/30384742/ Leadership_and_Management_Past_Present_and_Future._How_Complexity_and_Cre ativity_Form_the_Fields_and_Which_Roles_Culture_Plays_and_Ethic_Has_to_Play. Zugegriffen: 08. Mai. 2017. Der Artikel ist als Teil I im vorliegenden Buch enthalten.

Walz, U. (1960). Soziale Reifung in der Schule. Die sozialerzieherische Bedeutung von Gruppenunterricht und Gruppenarbeit. Hannover: Hermann Schroedel.

Watson , J. B. (1968). *Behaviorismus.* Köln, Berlin: Kiepenheuer & Witsch.

Wild, E. & Gerber, J. (2008). Eltern als Erzieher. In M. Hasselhorn & W. Schneider (Hrsg.), Handbuch der Pädagogischen Psychologie, S. 482–490. Göttingen: Hogrefe.

Zaleznik, A. (1992). Managers and leaders – Are they different? *Harvard Business Review Article, 70*(2), 126–135.

Kapitel II – Leadership und Management

10

10.1 Einführung

Grundlegend stellt sich bei der Führungsthematik die Frage, ob und wenn ja, inwiefern die beiden genannten Führungsformen zur Geltung kommen sollten. Dabei haben sich verschiedene Positionen herauskristallisiert, die die beiden Führungsformen zur Diskussion stellen (vgl. Abschn. 9.3). Durch Steckelberg (2017a) wurden die im vorangegangenen Theorieteil ausgeführten Verbindungen zu den impliziten Theorien angedeutet. Dabei wurde aufgezeigt, dass die bisherige Diskussion zur Führungsthematik verstärkt mit der eigenen Wahrnehmung der jeweiligen Autoren und infolgedessen auch deren Kategorisierungen zu tun hat. Die Funktionsweise beider Führungsformen wurde dagegen bislang nicht erfasst und ebenso wenig in ein Verhältnis zueinander gesetzt (vgl. Zaleznik 1992; Gairola 2011; Malik 2010, 2013b; Harrer 2016; Steckelberg 2017a).

Der Aspekt, dass hinter den genannten Führungsformen gewisse und jeweils unterschiedliche Funktionsweisen stehen, lässt sich nach Steckelberg (2017a) in Bezug auf Leadership z. B. aus den bestimmten, im weiteren Verlauf dieses Kapitels beschriebenen und auf das Management bezogenen, Problemstellungen und den Arbeiten wie von Grandori und Furnari (2008) herleiten. Um beide Führungsformen besser zu verstehen, wird der Blick somit zuerst auf Management als ein (an sich) gesicherten Begriff gerichtet, um ausgehend davon das Thema Leadership einzuführen (vgl. Steckelberg 2017a).

© Der/die Autor(en), exklusiv lizenziert durch Springer Fachmedien Wiesbaden GmbH, ein Teil von Springer Nature 2021
A. Steckelberg et al., *Leadership & Management*,
https://doi.org/10.1007/978-3-658-32987-7_10

10.2   Management als Führungsform

Die umfassendste Definition des Managements liefert die Managementkybernetik (Beer 1959, 1966, 1972; Ulrich und Krieg 1972; Malik 1998 & 2002; Steckelberg 2017a). Diese Definition sowie die dazugehörige Theorie des Managements insgesamt basieren auf der Kybernetik. Das heißt, die Theorie basiert auf mathematischen Beweisen (z. B. Conant und Ashby 1970) und gilt daher als gesichert.

Grundlegend ist dabei der Anspruch[1] an das Management, die ganze Organisation und auch deren Umgebung unter Kontrolle zu bringen bzw. zu halten. Zur Umgebung einer Organisation zählen z. B. Interessenvertreter wie Kunden, Lieferanten und weitere Vertreter aus Gesellschaft, Politik und Wirtschaft sowie auch die Gesellschaft, Politik und Wirtschaft in ihrer Gesamtheit. Die Umgebung ist demnach ein wichtiger Einflussfaktor, der bei der Führung einer Organisation berücksichtigt werden muss. Der beschriebene Kontext, in dem sich der Manager befindet, bezeichnet die Managementkybernetik als „Maschine" (Steckelberg 2017a). Was der Manager jedoch tatsächlich regulieren bzw. kontrollieren kann, wird vom sogenannten Beobachter[2] definiert. Die Bestimmung erfolgt durch den vom Beobachter sichtbaren Teil der Maschine und das somit Bestimmte wird als System bezeichnet (Steckelberg 2017a). Die in der folgenden Abb. 10.1 aufgeführten Pfeile kennzeichnen Einflüsse, die auf das System wirken oder durch das System nach außen getragen werden:

Zusammengefasst ist die Aufgabe des Managements die folgende: „A manager is a regulator trying to bring a complex system under control." (Steckelberg 2017a). Dem Versuch, dieses komplexe System unter Kontrolle zu bringen, liegen allerdings verschiedene Hindernisse vor (vgl. Steckelberg 2017a), die im folgenden Abschn. 10.2.1 aufgegriffen werden.

---

[1]Gewollte bzw. gewünschte Kontrolle, die von Stakeholdern (wie beispielsweise Aktionäre und Aufsichtsräte) und der Gesellschaft erwartet wird.

[2]In diesem Rahmen wird angenommen, dass der Beobachter und der Regulierer ein und dieselbe Person ist (vgl. Abb. 10.1). Diese Betrachtungsweise stellt eine Ausnahme für Management dar und soll deshalb nicht generalisiert werden. Management als Führungsform soll zudem vielmehr als Aufgabe und nicht personifiziert betrachtet werden. Der Manager kann nur das regulieren, was er zuvor als System – bestimmt durch sein „Sichtfeld" – definiert hat. Dabei ist zu beachten, dass nicht nur die direkte Raumwahrnehmung in Betracht gezogen wird, sondern, dass der Manager auch ein System beispielsweise über Kennzahlen steuern bzw. kontrollieren kann. Die Steuergrößen sollten dabei zumindest die Qualität der selbstbeobachtbaren Größen haben (Steckelberg 2017a).

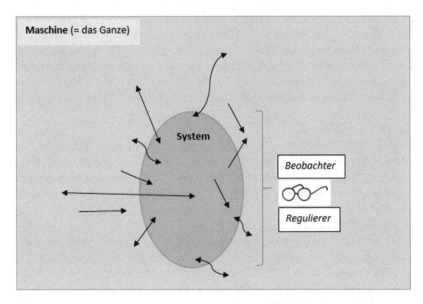

Abb. 10.1 Zusammenlegung von Beobachter und Regulierer (Darstellung in Anlehnung an Steckelberg 2017a)

10.2.1 (Kontroll-) Probleme des Managements

10.2.1.1 Problem 1

Der Manager fungiert als Beobachter und Regulierer zugleich (vgl. Fußnote 18). Wie bereits erwähnt, ist die Rolle des Beobachters, das zu kontrollierende System zu bestimmen. Er erfüllt dies, indem er die von ihm beobachtbaren Teile der Maschine als System erfasst. Dieses definierte System entspricht somit dem beobachtbaren Teil – „visible part" – der Organisation und ihrer Umgebung (Steckelberg 2017a). Der Manager muss sich in seinem Vorhaben also auf das beschränken, was er im Rahmen seines Sichtfeldes überblicken kann. Die Maschine[3] ist aber sehr viel umfangreicher und geht weit über das vom Manager definierte System hinaus. Aus diesem Grund existieren für den Manager auch Teile der Maschine, die er nicht bzw. nicht unmittelbar kontrollieren kann.

All das, was über den visible part hinausgeht, wird als „invisible part" der Maschine bezeichnet. Die Eigenschaften und Qualität dieses invisible part kann

---

[3]In dem gegebenen Fall kann die „Maschine" mit dem „Ganzen" gleichgesetzt werden.

der Manager folglich nicht erkennen, auch nicht, inwiefern (positiv oder negativ) und wie stark (Ausprägung) dieser Bereich das zu kontrollierende System beeinflusst bzw. beeinflussen kann (Steckelberg 2017a). Zwei Zwischenfragen ergeben sich an dieser Stelle: Wie kann das System – unter den genannten Bedingungen – unter Kontrolle gebracht werden? Welche Führungsform ist verantwortlich für das Erhöhen des Verständnisses des Ganzen? (Steckelberg 2017a).

10.2.1.2 Problem 2

Weiter ist das *Ashby Law of Requisite Variety* von Bedeutung. Folgendes wird darunter verstanden: Damit der Manager die Kontrolle über ein definiertes System (bzw. visible part der Maschine) gewinnen kann, muss der Manager über ausreichend Handlungsmöglichkeiten, sogenannte Varietät[4] verfügen. Diese müssen mindestens so hoch sein wie die Menge der Varietät des zu kontrollierenden Systems (vgl. Ashby 1956).

Conant und Ashby (1970) haben das Ashby Law (Ashby 1956) aufgegriffen und daraus das sogenannte „good regulator theorem" herausgearbeitet. Das Theorem beweist Folgendes: „every good regulator of a system must be a model of that system" (Conant und Ashby 1970). Das Theorem zeigt demnach u. a., dass auch das menschliche Gehirn immer ein Modell der Umwelt (ab-) bildet, in der sich die entsprechende Person befindet. Es zeigt auch, dass der Manager in seinem Kontrollvorhaben stets ein Modell von dem abbilden muss, was er regulieren möchte[5]. Das Ashby Law of Requisite Variety und das Theorem verdeutlichen, dass der Manager auf jede Aktion des Systems (mindestens) eine passende Reaktion zeigen muss, damit das System kontrolliert werden kann (vgl. Ashby 1956).

Aus Ashby (1956) folgt somit, dass der Manager, um Kontrolle über ein definiertes – nicht bereits unter Kontrolle stehendes – System zu bekommen, nur zwei folgende Möglichkeiten hat: Die Varietät des Systems zu senken oder die eigene Varietät zu erhöhen (Steckelberg 2017a). Die Varietät des am Anfang des Kapitels definierten Systems darf allerdings durch den Manager nicht zu stark reduziert werden, damit die darin zum Teil enthaltene Organisation überhaupt noch ihre Bestimmung erfüllen und ihre Existenz rechtfertigen kann (Ashby 1956; Conant und Ashby 1970; Scholten 2010; Malik 1998 & 2002; Morgan et al. 2007; Steckelberg 2017a). Hierbei entstehen weitere Verständnisfragen: Wie kann das

---

[4]Darunter werden im Allgemeinen unterschiedliche Zustände verstanden.

[5]„The simplest optimal regulator R of a system S produces behaviors from $R = \{r_1, r_2,..., r_{|R|}\}$ which are related to the behaviors in $S = \{s_1, s_2,..., s_{|S|}\}$ by a mapping $h: S \rightarrow R$." (Scholten 2010).

System – trotz dieser Beschränkungen – unter Kontrolle gebracht und gleichzeitig die Erfüllung der organisationalen Bestimmung gesichert werden? Wer ist verantwortlich dafür zu entscheiden, dass Varietät nicht weiter reduziert wird, auch wenn das System nicht unter Kontrolle ist? Wer ist zuständig dafür zu entscheiden, wie und wann die Varietät des Regulierers erhöht wird? Und: Wer ist dafür verantwortlich, die organisationale Bestimmung festzulegen? (Steckelberg 2017a).

Zwei weitere Hindernisse ergeben sich aus den ersten beiden Problemen (folgend die Probleme 3 und 4):

10.2.1.3 Problem 3

Menschen – wie Mitarbeiter, Führungskräfte, Kunden und weitere (potentielle) Interessenvertreter (vgl. Abschn. 10.2) – werden auch als ein Teil der Maschine angesehen. Die Komplexität eines zu kontrollierenden Systems kann sich zusätzlich dadurch verändern bzw. erhöhen, dass sich die Varietät der Beteiligten (Menschen, Anwendungsbereiche und Werkzeuge etc.) durch Lernen oder gesellschaftliche bzw. technologische Entwicklungen wandelt bzw. mehr wird.

Die Menschen können einerseits das zu kontrollierende System des Managers positiv in der Form beeinflussen, dass sie die Lösungsfindung der Probleme 1 und 2 unterstützen. Z. B. würde der Manager entsprechend des Management-Verständnisses unterstützt, wenn die Mitarbeiter ihre Arbeit im Sinne des Managers verrichten. Weiterhin können die Mitarbeiter dem Manager helfen, wenn dieser eine (neue) Strategie ausarbeiten will und dabei zur Lösung dieses Problems auf die Unterstützung seiner Mitarbeiter angewiesen ist. Die Mitarbeiter werden, indem sie initiativ an das Problem herantreten ggf. zusätzliche Varietät mit einbringen. Solange dies aber zur Lösungsfindung beiträgt und dem Ziel des Managers dient, stört eine solch zusätzliche Varietät (z. B. Freiheit und kritisches Denken) den Manager bei der Kontrolle des definierten Systems nicht. Ebenso können Führungskräfte niedrigerer Hierarchiestufen das System positiv beeinflussen: Wenn ein Teamleiter beispielsweise sein Team komplett im Sinne seines (übergeordneten) Chefs (hier der Manager) führt, so hat Letzterer im Endeffekt Ressourcen gespart und muss keine weiteren Anstrengungen dahin gehend unternehmen, dieses Team zu kontrollieren, da das Team bereits aus der Sicht des Managers unter Kontrolle ist.

Andererseits können die Menschen die Probleme des Managers auch verschärfen. Macht in diesem Zusammenhang der eben erwähnte Teamleiter beispielsweise nicht das, was er aus der Sicht des Managers tun soll oder täuscht er ihm sogar absichtlich falsche Tatsachen vor, dann stört dieser das Kontrollvorhaben des Managers zusätzlich. Es ist hierbei also maßgeblich, ob die Mitarbeiter richtige oder falsche Varietät zusätzlich miteinbringen. Dabei wird die Varietät ausschließlich aus der Sicht der Managementaufgabe als „richtig" oder „falsch" eingestuft. Eine Erweiterung des zu kontrollierenden Systems (z. B. durch Zulassen von zusätzlicher Varietät der Beteiligten) kann demnach die erwähnte „richtige" oder „falsche" Varietät beinhalten. Das Dilemma des Managers ist aber darin zu sehen, dass nicht nur eine Erweiterung, sondern auch eine Reduzierung des zu kontrollierenden Systems Probleme mit sich bringen kann (vgl. Ashby 1956; Steckelberg 2017a).

Als ein Beispiel für die Reduzierung der Varietät nennt Steckelberg (2017a) die auch soeben angeschnittene Hierarchiebildung. Dadurch verkleinert sich der visible part und somit das System, das durch den Manager kontrolliert werden kann. Schließlich werden steuerungsrelevante Daten dem Manager z. B. von dem erwähnten Teamleiter übermittelt. Trotz des Risikos, Kontrolle zu verlieren, erscheint es für Manager oft notwendig, den visible part und somit das zu kontrollierende System zu verkleinern. Dadurch vermeidet der Manager einen kompletten Kontrollverlust aufgrund von nicht ausreichender eigener Varietät. Der Manager vermindert in diesem Zusammenhang die Komplexität seines Kontrollvorhabens und kann ggf. zumindest Kontrolle über einen bestimmten (kleineren) Teil der Organisation sowie deren Umgebung gewinnen. Schließlich kann der Manager in der Situation hoffen, dass die Hierarchien (das, was über sein neu definiertes und sichtbares System hinausgeht) trotzdem noch in seinem Interesse weiterarbeiten. In Anlehnung an das dargestellte Problem ergeben sich folgende Zwischenfragen: Wie kann das System unter solchen Auswirkungen kontrolliert werden? Wer ist verantwortlich dafür zu entscheiden, wie und wann die Varietät des Regulierers erhöht wird, anstatt das System zu reduzieren (vgl. Problem 2)? Ist es möglich, Kontrolle über die Menschen im invisible part der Organisation oder sogar im invisible part der Maschine bzw. des Ganzen zu erlangen? (Steckelberg 2017a). Bevor das nächste Problem 4 beschrieben wird, soll auf Basis der zuvor dargestellten Probleme 1–3 der Begriff eines Problems präziser definiert werden.

10.2.1.4 Problemdefinition

Ein Problem wird dadurch gekennzeichnet, dass es einen (ungewünschten) Ausgangszustand A (bzw. Problemsituation oder Problemstellung) und einen (gewünschten) Endzustand B sowie mindestens einen Weg von A nach B (Lösung) beinhaltet (vgl. Probleme 1–3). Probleme werden oft von Routineaufgaben abgegrenzt. Routineaufgaben kennzeichnen sich dadurch, dass sowohl die Lösung als auch der Weg dorthin bereits bekannt sind (vgl. Dörner 1976, S. 10 ff.; Steckelberg i. V.; Steckelberg 2017a). „Echte" Probleme werden auch *kreative*

Probleme genannt, weil Findung oder Entwicklung von etwas Neuem für die Lösung des Problems notwendig ist.

Zur Veranschaulichung soll ein folgendes kreatives Problem betrachtet werden: Ein Unternehmer benötigt Ware aus dem Lager. Bekannt ist an dieser Stelle der Anfangs- und Endzustand des Problems. Klar ist auch, wo sich die Produkte im Lager befinden. Der Weg, den der Unternehmer gehen muss, um am schnellsten an die gewünschten Waren zu gelangen, ist dagegen unbekannt. Hierbei handelt es sich also um ein kreatives Problem, da eine passende Strecke neu gefunden werden muss.

Zur Routineaufgabe wird das oben beschriebene Problem der Lagerhaltung, sobald entsprechend dem einmal gefundenen optimalen Weg Fahrstraßen definiert werden. Eine Routineaufgabe kann allerdings wieder zu einem kreativen Problem werden, wenn beispielsweise die Mitarbeiter nicht im Sinne des Managers handeln, wodurch sie zusätzliche Varietät mit einbringen (z. B. benutzen sie die definierten Fahrstraßen absichtlich nicht und stören dadurch die Arbeit insgesamt). Der Manager muss dieses Problem dann erkennen und eine Lösung dafür finden. Ein weiteres kreatives Problem könnte sein, dass der Lagerraum keine günstige Beschaffenheit hat, um die Lagerlogistik beispielsweise zu automatisieren (Räume zu schmal oder zu winkelig, deshalb kommen die Maschinen nicht an die Ware heran). In diesem Fall müsste der Manager sich entscheiden, den Lagerraum zu verändern bzw. zu wechseln oder über Alternativen von Automatisierung nachzudenken.

Angenommen, dass der Unternehmer der Lagerlogistikfirma – aus dem konstruierten Beispiel – nun Fahrstraßen für seine Lagerhalle definiert hat. Die Mitarbeiter wurden dabei in bestimmte Bereiche unterteilt, damit sie sich nicht einander behindern. Nachdem der Unternehmer aber erfahren hat, dass durch eine stärkere Automatisierung (z. B. Einsatz von Robotern) der Gesamtprozess optimiert werden kann und diese Änderung die Lagerhaltung günstiger macht und gewollt ist, muss diese Umstellung organisiert werden. Für dieses (Problem-) Vorhaben muss wieder eine neue Lösung gefunden werden.

Das vereinfachte Beispiel zeigt, dass auch die Lösungen der Probleme 1–3 nur als temporär betrachtet werden können. Sobald sich die Bedingungen in Gesellschaft, Politik, Wirtschaft, Technologie etc. ändern, können neue Lösungen wieder nötig werden. Die zunehmende Dynamik und Komplexität heutiger Zeit hat zur Konsequenz, dass sich kreative Probleme häufen und viele Lösungen temporär bzw. kurzfristiger werden: „Increasing the variety and complexity of society and the world as a whole increasingly reduces the lifetime of such temporary solutions and forces more and more continuity and dynamics in their development […]." (Steckelberg 2017a).

10.2.1.5 Problem 4

Durch die oben beschriebene wachsende Dynamik und Komplexität – die Gairola
(2011) unter den Begriff der „Dynaxity" (Gairola 2011, S. 2) fasst – wachsen auch
die Anforderungen an Kreativität. Die Anforderungen sind bzw. werden dabei insgesamt zu groß, als dass sie (weiterhin) von nur einigen wenigen Managern gelöst
werden können. Die Folge des Einsatzes von mehr Mitarbeitern und Führungskräften, die in den Prozess der Lösung kreativer Probleme involviert werden, ist
wiederum die zusätzliche Varietät, die diese in das System mit hineintragen. Die
somit erhöhte Komplexität muss auch gemanagt werden. Dies stellt ein weiteres
kreatives Problem dar. Wer ist verantwortlich für eine Kreativität, die sich aus der
erhöhten Varietät ergibt (Dörner 1976; Dörner et al. 1981; Gairola 2011; Guilford
1965; Runco 2007; Steckelberg i. V.; Steckelberg 2017a)?

10.3   Zwischenfazit IV

Aus den genannten (kreativen) Problemen 1–4 geht hervor, dass Management als
Führungsform bei der Lösung kreativer Probleme an seine Grenzen gelangt. Die
Untersuchungen von Grandori und Furnari (2008) vervollständigen die in den
vorausgehenden Abschnitten (vgl. Abschn. 10.2.1.1–10.2.1.5) gemachten Ausführungen dazu. Grandori und Furnari (2008) zeigen, dass Management für die
Effizienz eines Unternehmens notwendig und ausreichend ist. Management ist
auch in Bezug auf Kreativität notwendig, da es für das Hervorbringen von Kreativität wichtig ist. Allerdings ist Management nicht ausreichend, um ein hohes
Kreativitätsniveau in Organisationen zu erreichen: „For innovation, respect of the
rule is a necessary condition, but, even if respected, the high innovation outcome
may not occur. This is an interesting and sensible asymmetry between organizing
for efficiency and for innovation: as innovation is uncertain by definition, the link
between organizational solutions and the outcome is weaker than for efficiency."
(Grandori und Furnari 2008).

Grandori und Furnari (2008) verwenden zwar den Begriff der Innovation, bei
genauerem Prüfen wird jedoch ersichtlich, dass sie in ihren Untersuchungen nicht
Innovation, sondern Kreativität gemessen haben. Nach Schumpeter (1947) bedeutet Innovation die Umsetzung neuer Kombinationen in die Realität, das heißt, eine
konkrete Umsetzung von Ideen in beispielsweise neue Produkte und deren erfolgreiche Anwendung in der Praxis (Schumpeter 1947). Tatsächlich haben Grandori
und Furnari (2008) in diesem Zusammenhang nicht bereits umgesetzte kreative Ideen gemessen, sondern lediglich die Kreativität in Form von eingereichten
Patenten (Steckelberg 2017a).

10.4 Geschichtliche Entwicklung der Notwendigkeit von Leadership

Durch die vorangegangenen Ausführungen konnte gezeigt werden, dass Management für die Lösung kreativer Probleme nicht ausreicht, diese aber immer frequentierter gelöst werden müssen. Aus diesem Grund tritt an diese Stelle Leadership, um entstandene Lücken – u. a. das Defizit, die kreativen Probleme lösen zu können (s. Probleme 1–3) – zu schließen. Anhand einer geschichtlichen Darlegung kann zusätzlich gezeigt werden, dass die zuvor dargestellten Probleme 1–4 des Managements keine neuen Phänomene sind, die Notwendigkeit und Wichtigkeit von Leadership aber über einen zeitlichen Verlauf hinweg gewachsen ist.

An dieser Stelle soll noch einmal betont werden, dass die kontrollierende Rolle des Managements weiterhin erforderlich ist (Steckelberg 2017a). Die Idee der Kontrolle aus der Managementkybernetik zeigt grundsätzlich eine nachvollziehbare und passende Handlungsweise auf, um ein definiertes System zu regulieren bzw. zu kontrollieren. Dies funktioniert allerdings unter der Voraussetzung, dass der Manager in diesem Zusammenhang über ausreichend Handlungsmöglichkeiten (bzw. Varietät) verfügt (vgl. Ashby 1956).

Exemplarisch kann von der Sklavenhaltung bis hin zur Arbeitsorganisation in der 1. Hälfte des 20. Jahrhunderts analog zu Problem 3 verdeutlicht werden, dass das Management Probleme mit der Kontrolle des Systems bekommt, je komplexer das zu kontrollierende System wird (Steckelberg 2017a). Durch fortlaufende (vor allem gesellschaftliche) Entwicklungen hat sich Kreativität im zeitlichen Verlauf zu der wichtigsten Quelle des organisationalen Erfolgs[6] entwickelt.

Am Beispiel der Sklavenhaltung kann – Steckelberg (2017a) folgend – gezeigt werden, dass die Führung von relativ kleinen Sklavengruppen keine wirklichen Probleme darstellte, da das zu kontrollierende System (die Sklavengruppe) überschaubar genug war. In dieser Kontrolldimension war es daher in der Regel kein Problem, wenn ein Sklave durch Nichtbefolgen oder Sich-Widersetzen zusätzliche (unerwünschte) Varietät in das System hereintrug, weil der Sklavenhalter die Mittel hatte (beispielsweise durch körperliche Bestrafung), dies zu unterbinden[7]. Je größer das zu kontrollierende System, in dem Beispiel die Sklavengruppe, allerdings wurde, umso schwieriger bzw. komplexer gestaltete sich die Kontrolle.

---

[6]Das heißt erfolgreiche Umsetzung der zuvor festgelegten organisationalen Bestimmung. Kreativität spielt aber offensichtlich auch eine entscheidende Rolle für die Findung der organisationalen Bestimmung.

[7]Mit dem Zweck, wieder Kontrolle über das System zu gewinnen.

Weiterverfolgt zeigt das Beispiel eindeutig, dass die Aufgabe, das (definierte) System zu kontrollieren, irgendwann ohne eine Einschränkung des Systems nicht mehr zu bewältigen ist. Die (des Sklavenhalters) eigene Varietät deshalb zu erhöhen (vgl. Ashby 1956) ist erstens nicht selbstverständlich möglich und zweitens nicht uneingeschränkt einsetzbar. Deshalb muss ab einem gewissen Niveau die Varietät des Systems gesenkt werden (Steckelberg 2017a).

Als ein Beispiel für die Reduzierung der Varietät wurde weiter oben die Hierarchiebildung bereits genannt. Z. B. wurden ausgewählte Sklaven als „Sklavenmanager" auf einer mittleren Hierarchiestufe angesiedelt. Dadurch konnte der Sklavenhalter das zu kontrollierende System für sich zunächst vereinfachen, da er fortan nur noch die mittlere Hierarchiestufe (die wenigen „Sklavenmanager") zu kontrollieren hatte. Diese Vereinfachung durch Reduzierung des zu kontrollierenden Systems hatte allerdings in Analogie zu der Beschreibung des Problems 3 zur Folge, dass der Sklavenhalter nicht mehr erfassen konnte, was in der ganzen Organisation (gesamte Sklavengruppe) vor sich ging und ob dort nicht womöglich störende Elemente im Hinblick auf das Kontrollvorhaben vorzufinden waren (Steckelberg 2017a).

In der Regel (s. Abb. 10.2) wurde von oben nach unten kontrolliert und die „Sklavenmanager" handelten im Sinne ihres übergeordneten „Chefs", des Sklavenhalters. Problematisch wurde es aber z. B., wenn die „Sklavenmanager" dem

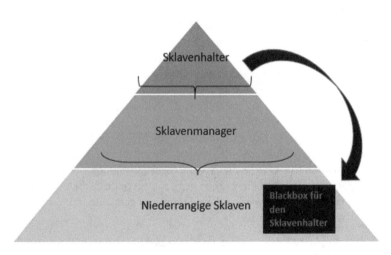

Abb. 10.2 Reduzierung der Komplexität und seine Folgen (Eigendarstellung des Autors)

Sklavenhalter berichteten, dass die untere Stufe unter Kontrolle gewesen sei, obwohl sie es nicht war.

Gesellschaftliche Entwicklungen (u. a. angestoßen durch die Entwicklung von Menschen- und Bürgerrechten zum Ende des 18. Jh.) haben nach Steckelberg (2017a) im Verlauf dazu geführt, dass die Varietät des Managers beschränkt wurde (z. B. durch Freiheiten in Form von Rechten, wie dem Recht auf körperliche Unversehrtheit). Der Manager durfte dadurch beispielsweise die körperliche Bestrafung nicht mehr anwenden, um sein Kontrollvorhaben durchzusetzen. Er sah sich deshalb der Herausforderung gestellt, das System über die Arbeitsorganisation unter Kontrolle zu bringen.

Kennzeichnend hierfür sind insbesondere Taylor und Ford zu nennen, die in der 2. Hälfte des 19. Jahrhunderts sowie in der 1. Hälfte des 20. Jahrhunderts gewirkt haben (Steckelberg 2017a). Das Steuerungsprinzip über die Arbeitsorganisation in dieser Zeit fällt auch unter den Begriff des Scientific Management. In dieser Bewegung wurde vor allem an der organisatorischen Gestaltung des Produktionsbereichs und somit an der Effektivitäts- und Effizienzsteigerung der Produktion gearbeitet. Ford übernahm die Prinzipien von Taylor, richtete seine Organisation aber im Gegensatz zu handwerklichen Produktionsbetrieben auf die mechanisierte Massenproduktion aus (vgl. Körfgen 1999, S. 18): „Diese Entwicklung führte zu einer tief gestaffelten Arbeitsteilung, die mit niedrig qualifizierter und repetitiver Tätigkeit einherging." (Körfgen 1999, S. 18). Taylor übernahm bzw. entwickelte aber auch Methoden, die bereits für die Sklavenhaltung erarbeitet worden waren (Cooke 2003). Charakteristisch für das Scientific Management von Taylor ist, dass der menschliche Faktor innerhalb des Arbeitskontextes ignoriert wurde. Die Arbeiter hatten ausschließlich als Arbeitskörper zu „funktionieren". Dadurch wurde und wird Taylor oft vorgeworfen, dass er seine Arbeiter wie Maschinen benutzte (Derksen 2014).

Die durchgetaktete Arbeitsorganisation zu dieser Zeit sollte bewirken, dass sich die Arbeiter auf ihre Tätigkeit konzentrierten. In diesem Zusammenhang war es auch nicht erforderlich, dass die Arbeiter Kreativität entwickelten. Erstens, weil Kreativität des Managers ausreichte und zweitens, weil Kreativität der Arbeiter – und somit zusätzliche Varietät – nicht erwünscht war und deswegen sogar unterdrückt werden sollte. Kreativität war den Managern vorbehalten. Der Manager hatte dabei die Möglichkeit, über intellektuelle Überlegenheit (besserer Bildungsstand) Kontrolle zu erwirken. Durch weitergehende (vor allem gesellschaftliche) Entwicklungen hat allerdings der Bedarf an Kopfarbeit und an Varietät, die durch die Arbeiter in die Organisation hineingetragen werden (wie z. B. durch Mündigkeit, Selbstbestimmung und kritisches Denken), zugenommen.

Diese Entwicklungen haben Kreativität (mit dem Ziel der Innovation) zu der wichtigsten Quelle des organisationalen Erfolgs gemacht (Steckelberg 2017a, vgl. auch Fußnote 22).

Steckelberg (2017a) deutet in diesem Zusammenhang an, dass Leadership kein gänzlich neues Phänomen ist. Bei dieser Untersuchung wird allerdings ersichtlich, dass Leadership in der Vergangenheit entweder vom Management nicht isoliert betrachtet werden konnte oder nicht explizit hervorgehoben wurde. Deutlichere Anzeichen von Leadership fanden sich vor allem bei politischen und sozialen Bewegungen, z. B. bei der Bildung von Gewerkschaften ab Mitte des 19. Jahrhunderts. Für solche Organisationen waren insbesondere die Aspekte Demokratie und Freiheit charakteristisch (vgl. Schönhoven 2014, S. 59 ff.). Die Zunahme von Demokratie und Freiheit hat als Konsequenz, dass mehr Varietät in das (zu kontrollierende) System hineingetragen wird, die – je nach Bestimmung einer Organisation – zumindest teilweise auch gewollt werden kann (Steckelberg 2017a).

Als ein Beispiel für die Entwicklung bzw. das Erkennen von klareren Anzeichen von Leadership können die Verhältnisse zu Zeiten von Ford herangezogen werden. Zwar waren die Arbeiter zu dieser Zeit aufgrund der durchgetakteten Arbeitsorganisation in ihrer Arbeitsweise beschränkt und Kreativität war nicht notwendig (vgl. Wilson 1995), Leadership schien dennoch – einzig und allein durch die motivierende und führende Kraft der eigentlichen Gründungsidee – präsent gewesen zu sein (vgl. Benz 2013, S. 127 f.). Dabei wurde auf die Idee bzw. die Innovation selbst geschaut. Die Mitarbeiter hatten die Vision, dass zusammen etwas Besonderes geschaffen wird. In diesem Zusammenhang verspürten einige Mitarbeiter sogar eine (starke) persönlich-emotionale Verbundenheit zu ihrem Arbeitgeber, unabhängig davon, ob dieser auch tatsächlich persönlich präsent war (vgl. Wood und Wood 2003, S. 93).

Anhand der aufgeführten Probleme 1–4 und der Untersuchungen von Grandori und Furnari (2008) sowie zusätzlich anhand der soeben behandelten geschichtlichen Darbietung konnte gezeigt werden, dass Leadership als Ergänzung notwendig geworden ist. Beide Führungsformen, Leadership und Management, bedingen sich jedoch gegenseitig (Steckelberg 2017a; vgl. auch Grandori und Furnari 2008). Dieses Zusammenspiel soll in den Folgeabschnitten (insbesondere in den Abschn. 10.5, 10.7 und 10.9) näher erläutert werden.

10.5 Übergang

Auf Basis der vorangegangenen Auseinandersetzung können im folgenden Abschn. (10.6) präzise Definitionen von Leadership und Management aufgestellt werden. Dieses Vorhaben ist vor allem dadurch begründet, dass sich die bisherige Auseinandersetzung über Führung vornehmlich auf die eigene Wahrnehmung der jeweiligen Autoren und auf bloßer Analogienbildung stützte (Steckelberg 2017a; vgl. Abschn. 10.1; Kotter 1990; Heifetz und Laurie 1997; Mintzberg 1998). Im weiteren Verlauf dieser Arbeit wird allerdings gezeigt, dass der Wahrnehmungsaspekt in besonderer Weise mit Leadership verbunden ist und eine weitaus bedeutendere Rolle im Themenkomplex spielt. Zunächst soll jedoch das Verhältnis beider Führungsformen zueinander noch einmal grob skizziert werden, um ausgehend davon beide Führungsformen genauer zu beschreiben. Die Intention soll dabei sein, den Daseinszweck beider Führungsformen und ihre jeweils spezifischen Verpflichtungen[8] innerhalb eines organisationalen Systems aufzuzeigen (Steckelberg 2017a).

Die oben aufgeführten Probleme 1–4 zeigen, dass Kreativität notwendig für sinnhafte[9] Managementhandlungen ist. Die Verbindung und die gegenseitige Abhängigkeit beider Führungsformen wird an dieser Stelle noch einmal deutlich: Die Leadership-Seite, die für Kreativität „zuständig" ist (Steckelberg 2017a), braucht sinnhafte Managementhandlungen (diese sind bereits für Kreativität wichtig, vgl. Grandori und Furnari 2008) und umgekehrt ist Leadership – weil der Kreativität verpflichtet – unweigerlich auch notwendig, damit Managementhandlungen sinnhaft geplant werden können (vgl. Probleme 1–4, vgl. Steckelberg 2017a). Durch die Verbindung und die gegenseitige Abhängigkeit beider Führungsformen entstehen Verpflichtungen, die auch im Hinblick auf Komplexität und Kreativität bestehen. Dabei ist jedoch zu beachten, dass bei beiden Führungsformen auch eigene „Interessen" verfolgt und durchgesetzt werden wollen. Die gegensätzlichen Positionen beider Führungsformen haben in Bezug auf die Aspekte der Komplexität und der Kreativität zur Folge, dass die beiden Führungsformen trotz der soeben genannten Verbindungen nicht als eine Einheit betrachtet werden können (Steckelberg 2017a).

---

[8]Steckelberg (2017a) meidet an dieser Stelle den Begriff „Aufgabe(n)", damit keine Verwechslung mit der Problemklassifizierung in Aufgaben bzw. Routineaufgaben und Probleme bzw. kreative Probleme entstehen kann (Steckelberg 2017a).

[9]Unter Sinnhaftigkeit ist gemeint, dass die Handlungen bei keiner der beiden Führungsformen willkürlich (bzw. eigensinnig) vollzogen werden. Vor bzw. Bei jeder Handlungssituation sollte deshalb (reflektiert) abgewogen werden, welche Folgen Handlungen bzw. Handlungsentscheidungen haben (s. Abschn. 10.7).

Einerseits hat Leadership den Auftrag, Kreativität zu fördern. Hierzu dient Komplexität – mehr Varietät – als Grundlage (Amabile 1996a, b, 1997, 2012a, b; Amabile et al. 1996; Runco 2007, S. 164 ff.; Amabile und Mueller 2008; Hasselhorn und Gold 2009, S. 103 ff.; Amabile und Pillemer 2012; Amabile 2013; Steckelberg 2015, 2017a; i. V.). Andererseits muss der Manager zwecks seines Kontrollvorhabens Komplexität eingrenzen. Während das Management die Varietät verringert, um ein (komplexes) definiertes (Teil-) System unter Kontrolle zu bringen, unterdrückt diese Eingrenzung u. U. gleichzeitig kreatives Lernen. Deshalb müssen – in diesem Fall – wiederum auf Aktionen des Managements Reaktionen von Leadership folgen. Auch die Umkehrung – Reaktionen des Managements auf Leadership-Aktionen – kann offensichtlich notwendig werden. Wie das konkret reguliert werden kann, soll im weiteren Verlauf näher erläutert werden. Im folgenden Schaubild ist noch einmal zusammenfassend die Verbindung zwischen beiden Führungsformen dargestellt. Beide Führungsformen haben dabei den Auftrag, ihre jeweiligen Verpflichtungen untereinander sinnhaft auf einen Konsens bzw. in eine Balance zu bringen (Abb. 10.3):

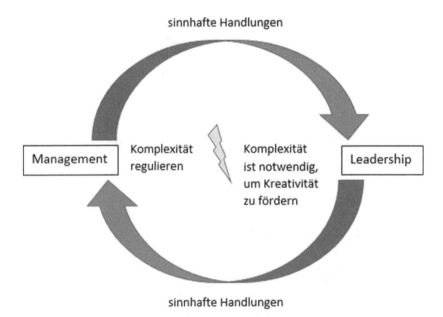

Abb. 10.3 Management und Leadership bzw. Management vs. Leadership (Eigendarstellung des Autors)

10.6 Definitionen von Management und Leadership

Auf Basis der vorangegangenen Abschnitte können nun Definitionen von Management und Leadership abgeleitet werden. Danach kann unter Management die Gesamtheit von sinnhaften Handlungen verstanden werden, die darauf abzielen, die Systemvarietät im Sinne des Kontrollvorhabens zu reduzieren und zu (re-) organisieren, um das Festlegen der organisationalen Bestimmung zu unterstützen und deren Implementation zu sichern (Steckelberg 2017a). Dazu ergänzend kann Leadership als die Gesamtheit von sinnhaften Handlungen verstanden werden, zu der folgende Verpflichtungen zählen:

- „Festlegen der organisationalen Bestimmung,
- Erhöhen der individuellen Varietät,
- Erhöhen des Verständnisses des Ganzen,
- Fördern von kreativem Lernen, und
- Orchestrieren des Systems." (Steckelberg 2017a, S. 12).

10.7 Sinnhaftigkeit

Wie bereits zum Abschn. 10.5 geschrieben, müssen alle Führungshandlungen sinnhaft eingesetzt werden. Das bedeutet, dass eine der beiden Führungsformen nicht einfach willkürlich eine Handlung vollzieht, sondern sinnhaft abwägen muss, welche Folgen diese sowohl für die eigene Seite und die andere Führungsform als auch für den Gesamtzusammenhang hat (Steckelberg 2017a).

Z.B. muss das Management auf der einen Seite ein Mindestmaß an Varietät in seinem System zulassen, damit die Organisation überhaupt noch ihre Bestimmung erfüllen kann (vgl. Problem 2). Auf der anderen Seite sollte nur so viel Varietät erlaubt werden, dass das Management entsprechend Ashby (1956) und Conant und Ashby (1970) die Kontrolle (be-) halten kann (vgl. hierzu ebenso Problem 2). Das kann dazu führen, dass das Management beispielsweise durch Hierarchiebildung sein – ursprünglich angedachtes – zu kontrollierendes System reduziert, um zumindest die Kontrolle über ein festgelegtes (Teil-) System zu erlangen. Die potenziellen Konsequenzen einer Reduzierung des Systems – am Beispiel der Hierarchiebildung – wurden im Verlauf dieser Arbeit bereits ausreichend beschrieben (vgl. Problem 3 und Abschn. 10.4).

Sinnhaftigkeit bedeutet in diesem Fall konkret, dass Managementhandlungen entsprechend eingesetzt werden müssen. Mit anderen Worten, dass das Management sein System nicht einfach willkürlich reduzieren darf. Bevor es eine derartige Handlung vollzieht, muss das Management sinnhaft abwägen, welche Teile des Systems bei seinem Kontrollvorhaben weiter zu berücksichtigen sind und welche Folgen das sowohl für die Management-Seite als auch für die Leadership-Seite hat. Hierbei muss das Management in der Rolle des Beobachters demnach sinnhaft abwägen, welches System für den Regulierer definiert werden soll und wie sich das begründet.

Ebenso müssen die Leadershiphandlungen sinnhaft organisiert und durchgeführt werden. Die organisationale Bestimmung (vorübergehend) festzulegen bedeutet, mehrere Aspekte zu berücksichtigen[10]. Das heißt, dass im Hinblick auf die Definition der organisationalen Bestimmung sowohl die Folgen bzw. Ergebnisse von Handlungen (als Erhöhen des Verständnisses des Ganzen bzw. der Ergebnisse daraus) als auch Managementhandlungen, die die Definition der organisationalen Bestimmung unterstützen, berücksichtigt werden müssen.

10.8   Weitere Unterschiede zwischen beiden Führungsformen

An dieser Stelle kommt der zuvor angekündigte bzw. wieder aufzugreifende Wahrnehmungsaspekt zum Tragen. Während sich Management rational nach den Zuständen von Varietät und der Stabilität des Systems im Hinblick auf die Erfüllung (Implementation) der organisationalen Bestimmung richtet, ist Leadership stark durch Wahrnehmung initiiert und aus der Perspektive der Wahrnehmung ebenso rational. Im Hinblick auf die Definition der organisationalen Bestimmung zeigt sich, dass Handlungsentscheidungen, die zur Definition der organisationalen Bestimmung führen, für bestimmte Betrachtungsgruppen nicht rational nachvollziehbar sind. Was aber rational in der Definition der organisationalen Bestimmung in den Augen Einzelner ist oder nicht, wird durch die eigene Wahrnehmung bestimmt. „Irrationales Handeln" mag in der Wahrnehmung bestimmter Gruppen einfach konstatierbar zu sein, kann aber für die Handelnden selbst rational sein. Ein Gründer einer Nicht-Regierungs- oder einer Non-Profit-Organisation würde sein Handeln deshalb nicht als „irrational" bewerten, nur weil er keinen Profit anstrebt, da seine Ziele für ihn persönlich begründet und rational sind (z. B.

---

[10]Die zu berücksichtigenden Faktoren sind zahlreich und das Konstrukt ist komplex. Verschiedenste Motive spielen bei der Definition der organisationalen Bestimmung eine Rolle, wie z. B. Wirtschaftlichkeit, Gewinnorientierung vs. Nicht-Gewinnorientierung, Leidenschaft, ethische, moralische oder humanistische Motive, Szenarien der zukünftigen Entwicklungen, etc. (vgl. Steckelberg 2017a; vgl. auch Abschn. 10.8).

Entwicklungshilfe zu leisten). Dies betrifft ebenso weitere Beispiele für „Irrationalität" wie Geld zu spenden oder (vermeintlich) unrentable Unternehmen zu betreiben (Steckelberg 2017a). Leadership hat an dieser Stelle die Verpflichtung, diesen Aspekt ganzheitlich zu betrachten und nicht nur die eigene (persönliche) Wahrnehmung einzubeziehen, sondern auch ein Verständnis für die fremde Wahrnehmung (der Beteiligten, sogenannten Stakeholder) zu entwickeln und daraus die Bestimmung abzuleiten (Steckelberg 2017a).

Wenn der Manager beispielsweise seine Varietät erhöht, scheint dies zunächst rational zu sein, weil er dadurch das System besser kontrollieren kann bzw. ein komplexeres System kontrollieren kann (vgl. Ashby Law). Ein Sklavenhalter könnte allerdings durch neue Erkenntnisse (beispielsweise, wenn er über die Auseinandersetzung mit Literatur Zugang zu humanitären oder ethischen Themen bekommt) auch zu der Überzeugung gelangen, seine Sklaven zu befreien und das System und die Kontrolle darüber aufzulösen. Ebenso könnte ein Produktionsleiter zu Zeiten von Taylor und Ford – durch Auseinandersetzung mit arbeitswissenschaftlichen Aspekten – zur Erkenntnis kommen, dass monoton repetitive Schichtarbeit (vor allem Fließbandarbeit) den Körper belastet (vgl. Beermann 2010, S. 71 ff.). Dieser Produktionsleiter könnte daraufhin z. B. Maßnahmen im Rahmen des betrieblichen Gesundheitsmanagements treffen oder den Schichtbetrieb sogar ganz abschaffen (vgl. Schneider und Schoof 2016, S. 180 f.). In den genannten Beispielen erscheint eine Erhöhung der System-Varietät (z. B. die Sklaven zu befreien) aus Kontrollsicht des Managements höchst „irrational" zu sein, kann aber notwendig für ein Erhöhen des Verständnisses des Ganzen (im Sinne der Leadershipverpflichtung) sein, das wiederum wahrnehmungsbezogen ist[11]. Tatsächlich geht es beim Erhöhen des Verständnisses des Ganzen um eine umfassende Betrachtung, bei der möglichst die Maschine bzw. das Ganze inklusive unterschiedlicher Faktoren (z. B. zeitliche und gesellschaftliche Entwicklungen) eine Rolle spielen. Anhand der Betrachtung von möglichen zukünftigen Entwicklungen – als ein Beispiel für das Erhöhen des Verständnisses des Ganzen – kann gezeigt werden, dass die Mitglieder der Organisation durch Schärfung der eigenen Wahrnehmung realistische Zukunftsszenarien entwerfen und somit ihre Organisation für die Zukunft vorbereiten bzw. sensibilisieren können (Schoemaker 1993; Schwartz 1996; Van der Heijden 2005; Ramirez et al. 2013; Ramirez und Selin 2014; Steckelberg 2017a).

---

[11]Z.B. könnte der Sklavenhalter die ehemaligen Sklaven als „normale" Arbeitnehmer anstellen und sie gerecht entlohnen bzw. versorgen, um das Fortbestehen des Unternehmens auch in den Umbruchzeiten zwischen der Sklaverei und dem Industriealter zu ermöglichen.

Auch das Verstärken von kreativem Lernen oder das Orchestrieren des Systems wird durch Wahrnehmung initiiert. Bevor bezüglich des Aspekts der Wahrnehmung weitere Ausführungen gemacht werden, sollen zunächst Diskussionen über fortführende Interdependenzen beider Führungsformen sowie über Alignement (Angleichung bzw. Ausrichtung) und Orchestrieren vorangehen.

10.9 Interdependenzen

Beide Führungsformen – Management und Leadership – haben vielfach Interdependenzen vorzuweisen, die sinnhaft verstanden bzw. aufgenommen werden müssen (vgl. u. a. den Abschn. 10.7 zu Sinnhaftigkeit). Die Handlungsvorgabe für das Management ist dabei relativ eindeutig formuliert: Nachdem das definierte (Teil-) System unter Kontrolle gebracht werden konnte, folgen keine weiteren Handlungen, solange das (Teil-) System noch unter Kontrolle ist.

Als Beispiel hierfür kann das bereits beschriebene Situational Leadership Model nach Hersey und Blanchard (1969, 1977) herangezogen werden (vgl. Abschn. 9.5.5). Anhand des Modells wird folgendes ersichtlich: Sobald der Mitarbeiter seine Aufgaben beherrscht und diese im Sinne des Managements erledigt, kann das Management seine Kontrollintensität senken (bzw. sein Kontrollvorhaben diesbezüglich temporär unterbrechen und Ressourcen sparen) (vgl. Abschn. 9.5.5). Aus dem Aspekt der Sinnhaftigkeit heraus folgt aber, dass Leadership – im Gegensatz zu Management – seine Handlungen selbst dann nicht stoppt, wenn das besagte (Teil-) System unter Kontrolle ist. Dies ist dadurch begründet, dass Leadership (vgl. Definition) sich dem Erhöhen des Verständnisses des Ganzen verpflichtet und aufgrund dessen dauerhaft initiativ ist bzw. sein muss. Es handelt sich demnach um ein dauerhaftes Bestreben, das Ganze bzw. die Maschine bestmöglich zu erforschen bzw. verstehen zu wollen. Das kann auch über die anderen Leadershipverpflichtungen gesagt werden, die – mit Ausnahme des Orchestrierens[12] – als ein Teil bzw. eine Ausprägung des Erhöhens des Verständnisses des Ganzen gesehen werden können (Steckelberg 2017a). Hieraus geht hervor, dass es sich bei dem Modell von Hersey und Blanchard (1969, 1977) offensichtlich um ein Management-Modell handeln muss und

---

[12]Orchestrieren bezeichnet die Verpflichtung von Leadership, das System mit der Umgebung bzw. der Situation in Einklang zu bringen (vgl. hierzu Abschn. 10.10). Hierbei ist die Tätigkeit an sich gemeint, die genannten Elemente miteinander in Balance zu bringen. Aus diesem Grund kann auch nicht von einer Ausprägung des Erhöhens des Verständnisses des Ganzen gesprochen werden. Das Erhöhen des Verständnisses des Ganzen ist aber Voraussetzung für ein erfolgreiches Orchestrieren des Systems (vgl. Steckelberg 2017 a).

dass das Modell sich nicht auf Leadership im Verständnis dieser Arbeit bezieht (Steckelberg 2017a).

Insgesamt müssen alle Planungen, Handlungsschritte sowie auch Ergebnisse, von der Leadership-Seite auch der Management-Seite – im Sinne einer aktiven Kommunikation – mitgeteilt werden. Dies wird unter die Sinnhaftigkeit von Leadershiphandlungen im Allgemeinen gezählt. Die Berücksichtigung und Bewertung der Ergebnisse ist dann wiederum eine Managementleistung. Neue Fakten und ihre Auswirkungen auf das System müssen von der Management-Seite aus beurteilt und Entscheidungen in Bezug auf Folgehandlungen getroffen werden. Das in Abschn. 10.8 aufgeführte Beispiel der Betrachtung von zukünftigen Entwicklungen untermalt nochmals die Interdependenzen zwischen beiden Führungsformen. Das Entwerfen von Zukunftsszenarien auf der Leadership-Seite wird dabei mit der Absicht vollzogen, das Verständnis des Ganzen zu erhöhen (vgl. Abschn. 10.8). Management hingegen muss die Leadershiphandlung bewerten und sinnhaft darauf eingehen (Steckelberg 2017a).

Die Anforderung an Sinnhaftigkeit beider Führungsformen setzt allerdings voraus, dass die Kommunikation von Planungen, Handlungsschritten, Ergebnissen und deren Berücksichtigung sowohl ein Teil von Leadership- als auch von Managementhandlungen ist. In Bezug auf die Interdependenzen zwischen beiden Führungsformen ist z. B. das Verstärken kreativen Lernens von Bedeutung. In diesem Zusammenhang ist das (Re-) Organisieren von Ressourcen – als Teil der (Re-) Organisation von Systemvarietät – weiterhin eine Managementaufgabe (vgl. Definition von Management). Beispielsweise könnte Management die Leadership-Seite darüber unterrichten, dass nicht genug Ressourcen (z. B. in zeitlicher Hinsicht) für ein von Leadership geplantes Vorhaben verfügbar sind. Eine solche Reaktion des Managements darf einerseits natürlich nur nach sinnhafter Überlegung erfolgen. Andererseits hat Leadership an dieser Stelle die Verpflichtung auch die Handlungen von Management und Folgen der eigenen Handlungen für Management sinnhaft zu berücksichtigen, damit das Orchestrieren des Systems erfolgreich umgesetzt werden kann.

Umgekehrt könnte auch Leadership mit einem konkreten auf das Verstärken kreativen Lernens bezogenen Vorhaben auf Management zugehen. Wie jede andere Leadershiphandlung wird auch diese Leadershiphandlung durch die Wahrnehmung der Mitglieder einer Organisation initiiert. Die Leadershipintervention beginnt dabei mit dem Verständnis der Wahrnehmung der Organisationsmitglieder und schließt mit z. B. der Formulierung von Grenzen der Reduktion und (Re-) Organisation von Systemvarietät. Diese Grenzen müssen wiederum auf der Management-Seite berücksichtigt werden, damit kreatives Lernen gefördert werden kann. Die beschriebene Vorgehensweise bezieht sich auf nahezu alle

Anstrengungen, die sich aus der Interaktion beider Führungsformen ergeben und muss immer parallel zu fortführenden Handlungen beider Führungsformen erfolgen (Steckelberg 2017a). Im folgenden Abschn. 10.10 wird ergänzend das Führungsinstrument Alignment auf Management-Seite und Orchestrieren als Leadershipverpflichtung behandelt. Im Abschn. 10.11 werden anschließend weiterführende Bemerkungen sowie eine Zusammenfassung zum behandelten Kapitel II vorgenommen, bevor im Abschn. 10.12 auf den intendierten Praxistransfer übergeleitet wird.

10.10 Alignment und Orchestrieren

Bei Alignment (Angleichung bzw. Ausrichtung) handelt es sich um ein kraftvolles Managementinstrument, mit dem die Varietät eines Systems (indirekt) reduziert werden kann. Dies ist beispielsweise bei der Ausrichtung an die Organisationsstrategie der Fall. So wird z. B. die R&D[13]-Strategie an die Gesamtstrategie angeglichen bzw. darauf ausgerichtet. Dadurch werden nur die Verläufe weiterverfolgt, die zu der Gesamtstrategie passen.

Insgesamt scheint es sich bei Alignment um eine nachweislich akzeptierte und wirksame Managementintervention zu handeln, die auch für Bereiche mit hoher Bedeutung für kreatives Lernen wie R&D positive Effekte zeigen (Morgan et al. 2007; Jaruzelski et al. 2014; Steckelberg 2017a). Orchestrieren stellt in diesem Zusammenhang ein Pendant zu Alignment auf der Leadership-Seite dar und besitzt einen wahrnehmungsbezogenen Charakter (Steckelberg 2017a).

Das Ziel von Orchestrieren ist, die Wahrnehmung der am System direkt beteiligten Menschen mit der Umgebung (weitere Mitarbeiter, Stakeholder, Ressourcen etc.) bzw. der (gegenwärtigen bzw. zukünftigen) Situation in Einklang zu bringen. Wie bereits im Abschn. 9.5.5 zum Situational Leadership Model nach Hersey und Blanchard (1969, 1977) diskutiert, soll demnach eine Führungskraft ein hohes Maß an Flexibilität bzgl. ihres Verhaltens besitzen, um flexibles Verhalten gegenüber ihren Mitarbeitern zeigen zu können. Dieses flexible Führungsverhalten wird im Übrigen auch von weiteren Autoren aus der Leadership- bzw. Organisationstheorie gefordert (vgl. Rooke und Torbert 2005; vgl. Joiner und Josephs 2007). Wie bereits beschrieben argumentiert Steckelberg (2017a) aber, dass ein solches Führungsverhalten mindestens dreifach kritisiert werden kann: Erstens ist es schwierig für eine Führungskraft, sich solche flexiblen Fähigkeiten bewusst anzueignen. Zweitens kann es die Mitarbeiter irritieren, wenn sie

---

[13]Research und Development.

unterschiedlich behandelt werden. Drittens ist eine Irritation nahezu unvermeidbar, wenn das Verhalten der Führungskraft unauthentisch wirkt. In diesem Zuge scheint der zu entwickelnde Habitus – flexibles Führungsverhalten in authentischer Art und Weise einzusetzen – noch schwieriger aufgebaut werden zu können als das Aneignen flexibler Fähigkeiten selbst. Nichts desto trotz ist ein solches Führungsverhalten unter bestimmten Gegebenheiten sinnvoll und auch notwendig (Steckelberg 2017a).

Im Abschn. 10.9 konnte weiterhin gezeigt werden, dass es sich beim dargestellten Modell nicht um Leadership im Verständnis dieser Arbeit handelt. Das Management hat den Anspruch, das definierte System effizient kontrollieren zu wollen. So stellt ein Mitarbeiter das Teilsystem dar. Während der Mitarbeiter seine Aufgaben erlernt, kann das Management seine Kontrollintensität sukzessiv senken, weil das Teilsystem (in dem Fall der Mitarbeiter) weniger ungewünschte Varietät zeigt. Beherrscht der Mitarbeiter seine Aufgaben, muss das Management dahin gehend zunächst auch nicht mehr kontrollieren. Das benannte Teilsystem ist dann stabil und es sind keine weiteren Managementhandlungen an der Stelle erforderlich, solange der Status Bestand hat. Eine Gegensteuerung durch das Management wird jedoch erforderlich, sobald das Teilsystem nicht mehr unter Kontrolle steht. Eine Irritation des Mitarbeiters durch unauthentisches Managementverhalten erweist sich für das Management als unwichtig, solange der Mitarbeiter seine Arbeit im Sinne des Managers erledigt. Dieser Umstand untermalt weiter, dass Hersey und Blanchard (1969, 1977) mit ihrem Modell nicht Leadership gemeint haben, denn in ihrem Modell liegt der Fokus auf Kontrolle und nicht auf der Berücksichtigung der Wahrnehmungen der Beteiligten.

Die Auseinandersetzung mit dem Modell nach Hersey und Blanchard (1969, 1977) zeigt gleichzeitig, was das Orchestrieren als Leadershipverpflichtung in diesem Fall zu erfüllen hat. In diesem Zusammenhang wird unter Orchestrieren verstanden, die richtige Balance zwischen Notwendigkeiten seitens des Managements und der Wahrnehmung bzw. den Erwartungen von Mitarbeitern zu finden und dabei simultan flexibel und authentisch zu handeln.

Ein weiteres Beispiel für Orchestrieren bezieht sich auf die Verpflichtung von Leadership, kreatives Lernen zu fördern bzw. die kreative Lernumgebung zu orchestrieren (Steckelberg 2015). In diesem Zusammenhang sind Amabile und Mitautoren zu nennen, die in einer Längsschnittstudie die Wirkungen der Ressource Zeit (bzw. Zeitdruck) auf kreatives Potenzial im Arbeitskontext untersucht und eine Stress – Kreativität – Matrix entworfen haben (Amabile et al. 2002a, b; Steckelberg i. V., 2017a). Die einzelnen Quadranten der Matrix werden im Folgenden tabellarisch dargestellt:

- Stress – niedrig / Kreativität – hoch (= „Expedition"),
- Stress – niedrig / Kreativität – niedrig (= „Autopilot"),
- Stress – hoch / Kreativität – hoch (= „Mission"),
- Stress – hoch / Kreativität – niedrig (= „Tretmühle").

Durch Stress kann Kreativität unterdrückt werden. Hierbei ist allerdings eine wichtige Unterscheidung vorzunehmen. Stress unterdrückt Kreativität dann, wenn beispielsweise Mitarbeiter kein klares Aufgabenziel haben bzw. das Ziel nicht im Einklang mit der Situation oder der Umgebung wahrnehmen. Dadurch gelangen die Mitarbeiter in einen Zustand, der für Kreativität nicht förderlich ist. Dieser Zustand wird als „Tretmühle" bezeichnet (s. Aufstellung weiter oben). In diesem Zusammenhang reagieren die Mitarbeiter auf die auftretenden Stressfaktoren noch empfindlicher, wodurch zusätzlicher Stress für die Mitarbeiter entstehen kann (Amabile et al. 2002a, b; Steckelberg i. V., 2017a). Sobald die Mitarbeiter allerdings ein klares Aufgabenziel haben und dieses als harmonisch[14] mit der Situation oder der Umgebung wahrnehmen, zeichnen sich andere Ergebnisse ab. In derartigen Situationen nehmen die betroffenen Mitarbeiter das Aufgabenziel als dringlich an und fühlen sich positiv darin gestärkt, die Anforderung erfolgreich zu bewältigen. Dieser Zustand wird als „Mission" bezeichnet (s. Aufstellung weiter oben). Durch diese positive Haltung werden potenzielle Störreize ausgeblendet und wird kreatives Lernen gefördert. (Amabile et al. 2002a, b; Steckelberg i. V., 2017a).

Beispiele dafür sind in Notfall-Situationen bekannt, z. B., wenn Patienten in die Notaufnahme eingeliefert werden und die behandelnden Ärzte binnen kürzester Zeit entscheiden müssen, was und in welcher Reihenfolge getan werden muss (Amabile et al. 2002a, b; Steckelberg i. V., 2017a). Die beiden weiteren von Amabile und Mitautoren (Amabile et al. 2002b) in ihrer Stress – Kreativität – Matrix genannten Felder „Expedition" (Stress niedrig/Kreativität hoch) und „Autopilot" (Stress niedrig/Kreativität niedrig) (s. Aufstellung weiter oben) werden in dieser Arbeit nicht behandelt.

Die Leadershiphandlung des Orchestrierens setzt beispielsweise bei einer stressvollen Situation mit der Klärung oder sogar mit der Vorhersage der Wahrnehmung der involvierten Systemmitglieder an. Wenn Stress unvermeidlich ist (wie z. B. in den Notaufnahmen), müssen die Bemühungen darauf ausgerichtet werden, Tretmühlensituationen zu vermeiden. Dies gelingt solange das Aufgabenziel dringlich, klar und verständlich und der Stress begründet ist. Wenn

---

[14]Im Sinne von: im Einklang bzw. in Balance mit etwas.

erforderlich, muss das Aufgabenziel sowie seine Dringlichkeit und Notwendigkeit immer wieder möglichst transparent gemacht und mit der Situation und der Umgebung in Einklang gebracht werden (Amabile et al. 2002a, b; Steckelberg i. V., 2017a).

10.11 Abschließende Bemerkungen und Zusammenfassung

Durch die Ausführungen in den Abschn. 10.2–10.10 wurde gezeigt, dass auch Handlungen des Managements viel mehr mit Verhalten[15] und kreativem Lernen zu tun haben als es bisher von Autoren wie beispielsweise Zaleznik (1977, 1981, 1992, 2004a, b) mit seinen Aussagen zum *Leadership Imperative* (vgl. Abschn. 9.3.2) anerkannt wurde. Hiernach war Management bislang rein durch zielorientierte Handlungen definiert (Stabilität und Kontrolle mit dem Blick auf Effizienzorientierung; vgl. hierzu Abschn. 9.3.3). Den Ausführungen zufolge darf Leadership nicht nur durch verhaltensbezogene Handlungen oder durch solche, die in Beziehung zu Verhalten stehen, und Management im Umkehrschluss nicht rein durch zielorientierte Handlungen definiert werden. Beide Führungsformen stehen in Abhängigkeit zueinander und ihre Handlungen beeinflussen sich gegenseitig (Steckelberg 2017a).

Es wurde gezeigt, dass Leadership in all seinen Verpflichtungen durch Wahrnehmung initiiert ist und dadurch auf den ersten Blick manchmal „irrational" erscheint. Dennoch stellen die gezeigten Beispiele deutlich den rationalen Gehalt in den Leadershiphandlungen dar. Psychologie und Didaktik (Erziehungswissenschaft) können in diesem Zusammenhang helfen, diese Rationalität besser zu verstehen bzw. darzustellen[16] (Steckelberg 2017a).

In Bezug auf die Interdependenzen zwischen den beiden Führungsformen wurde im Abschn. 10.9 bereits auf das Verstärken kreativen Lernens eingegangen. In diesem Zusammenhang ist – Steckelberg (2017a) folgend – ein weiterer Aspekt von Bedeutung. Die in Steckelberg (2015, 2017a) ausgearbeitete Kategorisierung der dargestellten Führungsformen spiegelt sich schließlich auch in der Organisationskultur wieder (vgl. Schein 2004, S. 25 ff.; Steckelberg 2015,

---

[15] Steckelberg (2017a) verwendet den Begriff des Verhaltens („behavior") an dieser Stelle als Verallgemeinerungsbegriff und bezieht sich dabei auf das Fachgebiet „Organizational Behavior": „the study of human behavior in organizational settings, the interface between human behavior and the organization, and the organization itself". (Moorhead und Griffin 1995).

[16] Die dazugehörigen Möglichkeiten, Mechanismen und Methoden sollen im Kapitel III verdeutlicht werden.

Abb. 10.4   Ebenen der Organisationskultur (Darstellung in Anlehnung an Schein 2004)

2017a). Das sinnhafte Zusammenarbeiten beider Führungsformen hat zur Folge, dass Leadership und Management gemeinsam die Organisationskultur gestalten. Die wechselseitige Beziehung beider Führungsformen kann dabei an Scheins Modell der Organisationskultur veranschaulicht werden (Schein 2004, S. 25 ff.) (Abb. 10.4):

Managementhandlungen sind dabei den Ausführungen in den Abschn. 10.2– 10.10 zufolge auf der ersten – unmittelbaren – Handlungsebene zu lokalisieren. Z.B. werden erwünschte Werte & Überzeugungen (sog. „values und beliefs") von der Geschäftsleitung definiert und im Anschluss im Unternehmen kommuniziert (beispielsweise durch das Intranet, Aushänge oder Präsentationen). Diese sichtbaren Artefakte bzw. Managementhandlungen haben – über die Wahrnehmung der Mitarbeiter – auch (indirekt) einen Effekt bzw. eine Wirkung auf die beiden unteren Ebenen der Organisationskultur. Gemeint an der Stelle ist, wie die so definierten „Werte und Überzeugungen" von den Mitarbeitern aufgenommen werden und welche Folgen das haben kann. Im Gegenzug gehen Leadershiphandlungen von der zweiten und dritten Ebene der Organisationskultur aus. Leadership hat den Auftrag, die Wahrnehmungen und die Erwartungen in der Organisation (beispielsweise der Mitarbeiter) und in ihrer Umgebung (z. B. der Kunden, Lieferanten, etc.) verstehen bzw. sogar voraussehen zu können. Auch vor diesem

Hintergrund müssen beide Führungsformen zusammenarbeiten. Durch Antizipation bzw. durch Verstehen der Wahrnehmungen beispielsweise der Mitarbeiter[17], baut Leadership ein erhöhtes Verständnis für die wirklichen Werte und Überzeugungen Letzterer auf. Idealtypisch wird Leadership daraufhin seine Ergebnisse – aus den unteren beiden Ebenen – mit Management teilen. Mit dieser Erkenntnis können gemeinsam Werte und Überzeugungen ausgearbeitet werden, die die Organisation tatsächlich teilt und die sie weiterbringt. Ziel ist hier somit, dass die kommunizierten Werte und Überzeugungen im Einklang mit den Wahrnehmungen der Beteiligten im System sind.

An diesem Beispiel konnte gezeigt werden, dass Managementhandlungen einen Effekt von der oberen – unmittelbaren – Handlungsebene auf die beiden unteren Ebenen der Organisationskultur haben. Umgekehrt nehmen Leadershiphandlungen – die von der zweiten und dritten Ebene der Organisationskultur ausgehen – auch Einfluss auf Managementhandlungen, wodurch sie sich auf die oberste Ebene auswirken. Durch diese Interdependenzen wird noch einmal deutlich, dass beide Führungsformen zusammenarbeiten müssen, damit deren Handlungen beidseitig sinnhaft umgesetzt werden können, und unabhängig davon, ob die Organisationskultur beibehalten oder verändert wird. Diese Beobachtung führt dazu, dass die Sicht auf organisationale Veränderung bzw. Veränderung der Organisationskultur als reine Leadershipaufgabe (Kotter 1990) infrage gestellt werden muss (Steckelberg 2017a).

Dadurch, dass beide Führungsformen zusammenarbeiten müssen und aufeinander angewiesen sind, gibt es grundsätzlich keine gute und auch keine schlechte Seite, denn beide Führungsformen sind unbedingt notwendig. Leadership, das durch Wahrnehmung initiiert ist und sich zum Orchestrieren verpflichtet, ist in dieser Erscheinungsform – im zeitlichen Verlauf – erst später aufgetreten. Charakteristika bzw. Anzeichen von Leadership überhaupt waren zu Zeiten der Sklavenhaltung noch nicht vorzufinden. Im Abschn. 10.4 zur geschichtlichen Entwicklung der Notwendigkeit von Leadership wurde allerdings gezeigt, dass die Anzeichen von Leadership im geschichtlichen Verlauf immer deutlicher wurden. Nun spielt Leadership – durch die Verpflichtung zum Orchestrieren und durch dahin gehende Handlungen – eine ausgleichende Rolle, damit das Organisationsleben in Harmonie mit den Wahrnehmungen der daran Beteiligten und infolgedessen auch mit der Gesellschaft insgesamt gebracht wird (Steckelberg 2017a).

---

[17]Mehrere Formen sind vorstellbar, z. B. durch unterschiedlich gestaltbare Datenerhebungen, Diskussionsrunden oder direkte Beteiligung der Mitarbeiter an der Ausarbeitung von den deklarierten organisationalen Werten und Überzeugungen.

Die Herausforderung des Orchestrierens besteht aber – wie bereits betont – nicht darin, die Organisation mit sich selbst in Einklang, sondern das System, das heißt, einen möglichst großen Teil der Organisation und deren Umgebung miteinander in Harmonie zu bringen. Dabei können organisationale Veränderungen notwendig werden, die zu zusätzlichen Herausforderungen bzw. Schwierigkeiten in und für die Organisation führen können (vgl. Abschn. 10.10 und in diesem Abschnitt). Diese Veränderungen können auch für die Belegschaft bzw. einige Mitarbeiter und Führungskräfte schmerzhafte Folgen haben. Leadership soll dabei nicht nur die Wahrnehmungen und Erwartungen der Mitarbeiter, sondern die aller Beteiligten erfassen und für deren angemessene Integration in den organisationalen Veränderungsprozess sorgen (Steckelberg 2017a) (Abb. 10.5).

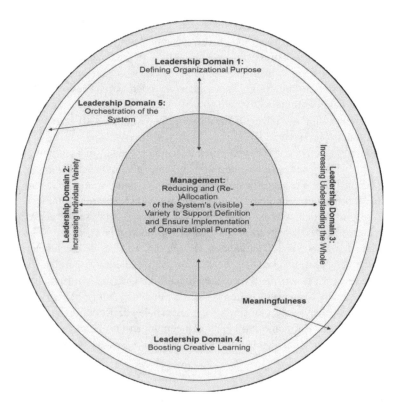

Abb. 10.5 Gemeinsame Verpflichtungen beider Führungsformen (Darstellung in Anlehnung an Steckelberg 2017a)

10.12   Überleitung zum intendierten Praxistransfer

In den vorangegangenen Abschnitten wurde die Rationalität beider Führungsformen aufgezeigt. Gleichzeitig wurde deutlich, dass Leadership durch Wahrnehmung initiiert und deswegen von impliziten Theorien und somit von persönlichen Annahmen, Glauben, Erwartungen und Ambitionen geleitet wird (vgl. Abb. 10.4; Steckelberg 2015, 2017a). Das bedeutet wiederum, dass Leadership auch durch Kultur, Ästhetik und das Verständnis und Gefühl für Harmonie beeinflusst wird (Steckelberg 2017a). Dieses Ergebnis unterstreicht, dass eine *ganzheitliche* bzw. umfassende (Nachwuchs-) Führungskräfteentwicklung erforderlich ist. (Steckelberg 2017a; Hervorhebung des Autors dieser Arbeit).

Für einen solchen ganzheitlichen Führungsansatz bzw. während eines solchen ganzheitlichen Trainings muss die (potentielle) Führungskraft ein tief greifendes (theoretisches und praktisches) Verständnis über jede einzelne Leadershipverpflichtung aufbauen:

- „Festlegen der organisationalen Bestimmung,
- Erhöhen der individuellen Varietät,
- Erhöhen des Verständnisses des Ganzen,
- Fördern und Stärken von kreativem Lernen, und
- Orchestrieren des Systems." (Steckelberg 2017a; vgl. Abschn. 10.6).

Meist managementorientiert ausgebildete (Nachwuchs-) Führungskräfte können ihre Wahrnehmung und ihr Verständnis bzw. ihr Gefühl für Harmonie und Ästhetik logischerweise durch ästhetik- und kunstbasierte Führungskräfteentwicklung trainieren (Steckelberg 2017a; vgl. Kapitel III dieser Arbeit). Schließlich hilft kreatives Lernen nicht nur dabei, dass Leadershiphandlungen besser nachvollzogen werden. Es ist insgesamt mit Leadership als Ganzem und seinen einzelnen Verpflichtungen verbunden. Dieser Schluss folgt unmittelbar aus der gesamten vorangegangenen Diskussion. In diesem Zusammenhang können Ideen zur Umsetzung in der künstlerisch-musisch-, design-, kultur-, oder philosophieorientierten Forschung über Leadership und damit verbundenen Disziplinen gefunden werden (Ramirez 1987, 1991, 1996, 2005; Strati 1999, 2010; Ramirez und Arvidsson 2005; Taylor und Hansen 2005; Kersten 2008; Ladkin 2008, 2011; Ropo und Sauer 2008; Adler 2006; Ramirez und Ravetz 2011; Eidinow und Ramirez 2012) (Steckelberg 2017a).

Weiterhin kann auch auf die Frage eingegangen werden, in welcher Intensität und Rangfolge die beiden dargestellten Führungsformen für die betriebliche

Praxis angelegt sein sollen. Die Antwort lautet, dass es organisations- und situationsabhängig ist. Es hängt davon ab, wie die jeweiligen Organisationseinheiten und Funktionen aufgebaut sind und wie die Aspekte der Komplexität und Kreativität in diesem Zusammenhang wirken. Schließlich hängt es vom gesellschaftlichen Kontext ab, in den die Organisation eingebettet ist (Steckelberg 2017a). Auf Basis der in Steckelberg (2017a) erarbeiteten Theorie kann gezeigt werden, dass die Bedeutsamkeit bzw. Notwendigkeit von Leadership zukünftig wachsen wird, da durch die zunehmende Dynamik und Komplexität unserer Umwelt die Anforderungen an Kreativität zunehmen. Durch die in diesem Kapitel aufgeführten (kreativen) Probleme 1–4 wird dieser Aspekt unterstrichen, indem aufgezeigt wurde, dass Management als Führungsform bei der Lösung kreativer Probleme an seine Grenzen gelangt (Grandori und Furnari 2008; Steckelberg 2017a). Diese Entwicklung fordert auch insgesamt verstärkte Bemühungen in der (Nachwuchs-) Führungskräfteentwicklung. Dadurch sollen zukünftig möglichst viele Mitarbeiter einer Organisation in der Lage sein, der genannten Führungsform zu folgen (Steckelberg 2017a).

Durch die in Kapitel II aufgezeigte ganzheitliche Definition von Leadership nach Steckelberg (2015, 2017a), konnten nicht nur zahlreiche Verbindungen von Leadership zur Wahrnehmung aufgedeckt werden. Darüber hinaus konnte Leadership u. a. durch deren wahrnehmungsbezogene Wirkung und die Wahrnehmung im Allgemeinen begründet werden. Dabei wurden die einzelnen Komponenten der Führungsformen von Management und Leadership aufgezeigt, wodurch eine Arbeit, Reflexion und Bildung auf der „Mikroebene" ermöglicht werden konnte. Hauptziel ist die Wahrnehmungssensibilisierung und die bessere Integration und Sozialisierung der Wahrnehmungsänderung bzw. Änderung der Wahrnehmung zugrunde liegenden impliziten Theorien (Steckelberg 2016). Es wurde weiterhin aufgezeigt, dass sich die in Steckelberg (2015, 2017a) ausgearbeitete Kategorisierung bzw. Aufteilung auch in der Organisationskultur widerspiegelt (vgl. Steckelberg 2015, 2017a; Modell nach Schein 2004 und Abschn. 10.11). Da sich die Organisationskultur auf der jeweiligen professionellen und auf der jeweiligen gesellschaftlichen Kultur aufbaut, ist das Verhältnis bzw. die Wirkung auch dort in gleicher Weise vorhanden. Aus diesem Grund kann eine Erweiterung der zu entwickelnden Theorie der Wahrnehmung über den organisationalen Kontext hinaus vorgenommen werden (Steckelberg 2016; vgl. auch Präambel).

Eine notwendige Integration von ästhetik-basiertem und kreativem Lernen in die (Nachwuchs-) Führungskräfteentwicklung wurde durch eine ganzheitliche Definition von Leadership und dessen Verbindung zur Wahrnehmung von Steckelberg (2017a) erstmals wissenschaftlich-theoretisch begründet dargelegt. Im Rahmen dieses Kapitels wurde die von Steckelberg (2017a) erarbeitete Theorie nun aufgegriffen, übersetzt und zum Zweck eines in dieser Arbeit zu intendierenden Praxistransfers (didaktisch) aufbereitet. Eine notwendige Integration von ästhetik-basiertem und kreativem Lernen in die (Nachwuchs-) Führungskräfteentwicklung wird dabei nicht nur aus der erarbeiteten Theorie heraus verfolgt. Die notwendige Integration wird im Übrigen dadurch unterstützt, dass die gesamten Praxistrends auch dahin zeigen, dass die Führungsentwicklung ganzheitlicher und komplexer erfasst werden und konsequenterweise beispielsweise auch Kunst eine größere Rolle spielen muss (vgl. Adler 2006, 2011). Im Folgekapitel wird die Sicherung eines Praxistransfers durch Darstellung einer Seminaraufstellung für die (Nachwuchs-) Führungskräfteentwicklung intendiert.

Literatur

Adler, N. J.. (2006). The arts & leadership: Now that we can do anything, what will we do? *Academy of Management Learning & Education, 5*(4), 486–499.

Adler, N. J. (2011). Leading beautifully: The creative economy and beyond. *Journal of Management Inquiry, 20*(3), 208–221.

Amabile, T. M. (1996a). Creativity and innovation in organizations. No. 9-396-239, Publication Date: January 5, 1996, Harvard Business School Publishing, Boston.

Amabile, T. M. (1996b). Creativity in context: Update to the social psychology of creativity. Boulder: Westview Press.

Amabile, T. M. (1997). Motivating creativity in organizations: On doing what you love and loving what you do. *California Management Review, 40*(1), 39–58.

Amabile, T. M. (2012a). Componential theory of creativity. Working Paper, Harvard Business School, HBS Working Paper Number: 12-096, Publication Date: April 26, 2012, Harvard Business School, to appear In E. H. Kessler (Hrsg.), Encyclopedia of Management Theory, Sage Publications, 2013, https://www.hbs.edu/faculty/Publication%20Files/12-096.pdf. Zugegriffen: 04. Mai. 2017.

Amabile, T. M. (2012b): Big C, Little C, Howard, and Me: Approaches to understanding creativity. Working Paper, Harvard Business School, HBS Working Paper Number: 12-085, Publication Date: September 30, 2012, https://www.hbs.edu/faculty/Publication%20Files/12-085_eb9ecda0-ec0a-4a32-8747-884303f8b4dd.pdf. Zugegriffen: 04. Mai. 2017.

Amabile, T. M. (2013). Componential theory of creativity. In E. Kessler (Ed.), Encyclopedia of management theory, S. 135–140. Thousand Oaks: SAGE Publications.

Amabile, T. M., Conti, R., Coon, H., Lazenby, J., & Herron, M. (1996). Assessing the work environment for creativity. *Academy of Management Journal, 39*(3), 1154–1184.

Amabile, T. M., Hadley, C. N., & Kramer, S. J. (2002). Creativity under the gun. *Harvard business review, 80*(8), 52–61.

Amabile, T. M. et al. (2002). Time pressure and creativity in organizations: A longitudinal field study. Working Paper, Harvard Business School, HBS Working Paper Number: 02-073, Publication Date: April 2002, https://www.hbs.edu/faculty/Publication%20Files/02-073_03f1ecea-789d-4ce1-b594-e74aa4057e22.pdf. Zugegriffen: 04. Mai. 2017.

Amabile, T. M. & Mueller, J. S. (2008). Studying creativity, its processes, and its antecedents: An exploration of the componential theory of creativity. In: J. Zhou, C. E. Shalley (Hrsg.), Handbook of organizational creativity, S. 33–64. New York, London: Lawrence Erlbaum Associates.

Amabile, T. M., & Pillemer, J. (2012). Perspectives on the social psychology of creativity. *Journal of Creative Behavior, 46*(1), 3–15.

Ashby , W. R. (1956). *An introduction to cybernetics.* London: Chapman & Hall.

Beer, S. (1959). *Cybernetics and management.* New York: Wiley.

Beer, S. (1966). *Decision and control.* New York: Wiley.

Beer, S. (1972). *Brain of the firm; a development in management cybernetics.* New York: Herder and Herder.

Beermann, B. (2010). Nacht- und Schichtarbeit. In B. Badura, H. Schröder, J. Klose, K. Macco (Hrsg.), Fehlzeiten-Report 2009. Arbeit und Psyche: Belastungen reduzieren – Wohlbefinden fördern. Berlin, Heidelberg: Springer.

Benz, C. (2013). *Carl Benz: Lebensfahrt eines deutschen Erfinders. Autobiographie: Aus Fraktur übertragen. Vollständig überarbeitete Neuausgabe.* Hamburg: SEVERUS Verlag.

Cooke, B. (2003). The denial of slavery in management studies. *Journal of Management Studies, 40*(8), 1895–1918.

Conant, R. C., & Ashby, W. (1970). Every good regulator of a system must be a model of that system. *International Journal of Systems Science, 1*(2), 89–97.

Derksen, M. (2014). Turning men into machines? Scientific management, industrial, psychology, and the "Human Factor". *Journal of the History of the Behavioral Sciences, 50,* 148–165.

Dörner, D. (1976). *Problemlösen als Informationsverarbeitung.* Stuttgart, Berlin, Köln, Mainz: Kohlhammer.

Dörner, D., et al. (1981). Planen, Handeln und Entscheiden in sehr komplexen Realitätsbereichen. In W. Michaelis (Ed.), Bericht über den 32. Kongreß der Deutschen Gesellschaft für Psychologie, Hogrefe, Zürich, Göttingen.

Eidinow, E., & Ramirez, R. (2012). "The Eye Of The Soul": Phronesis and the aesthetics of organizing. *Organizational Aesthetics, 1*(1), 26–43.

Gairola, A. (2011). Leadership + Management = Leaderment. Harvard Business Manager.

Grandori, A., & Furnari, S. (2008). A chemistry of organization: Combinatory analysis and design. *Organization Studies, 29*(3), 459–485.

Guilford, J. P. (1965). Frames of reference for creative behavior in the arts. Presented at the conference on creative behavior in the arts, University of California, Los Angeles.

Harrer, C. (2016). Disziplinübergreifende Betrachtung zum Thema Führung und die Rolle impliziter Führungstheorien. Unveröffentlichtes Manuskript, Seminararbeit im Rahmen des Studiums.

Hasselhorn, M., & Gold, A. (2009). Pädagogische Psychologie. Erfolgreiches Lernen und Lehren. 2. Aufl. Stuttgart: Kohlhammer.

Heifetz, R. A., & Laurie, D. L. (1997). The work of leadership. *Harvard business review, 75*(1), 124–134.

Hersey, P., & Blanchard, K. H. (1969). Life cycle theory of leadership. *Training & Development Journal, 23*(5), 26–34.

Hersey, P., & Blanchard, K. H. (1977). *Management of organizational behavior: Utilizing human resources* (3. Aufl.). Englewood Cliffs: Prentice-Hall.

Jaruzelski, B., Staack, V., & Goehle, B. (2014). Global Innovation 1000: Proven paths to innovation success. *Innovation,* 77.

Joiner, W. B., & Josephs, S. A. (2007). *Leadership agility: Five levels of mastery for anticipating and initiating change.* San Francisco: Jossey-Bass/Wiley .

Kersten, A. (2008). When craving goodness becomes bad: A critical conception of ethics and aesthetics in organizations. *Culture and Organization, 14*(2), 187–202.

Körfgen, R. (1999). *Prozessoptimierung in Dienstleistungsunternehmen.* Wiesbaden: Springer Fachmedien.

Kotter, J. P. (1990). What leaders really do? *Harvard Business Review, 68*(3), 103–111.

Ladkin, D. (2008). Leading beautifully: How mastery, congruency and purpose create the aesthetic of embodied leadership practice. *The Leadership Quarterly, 19*(1), 31–41.

Ladkin, D. (2011). The art of "Perceiving Correctly": What artists can teach us about moral perception. *Tamara: Journal for Critical Organizational Inquiry, 9*(3–4), 91–101.

Malik, F. (1998 & 2002). Komplexität – was ist das? Erschienen 1998 www.managementky bernetik.com/Cwarel Isaf Institute 2002.

Malik, F. (2010). *Richtig denken – wirksam managen: Mit klarer Sprache besser führen.* Frankfurt, New York: Campus .

Malik, F. (2013b). *Management: Das A und O des Handwerks.* Frankfurt, New York: Campus.

Mintzberg, H. (1998). Covert leadership: Notes on managing professionals. *Harvard Business Review, 76*(6), 140–148.

Moorhead, G. & Griffin, R. W. (1995). Organizational behavior: Managing people and organizations. 5. Aufl., S. 4. Boston: Houghton Mifflin.

Morgan, M., Levitt, R. E., & Malek, W. (2007). *Executing your strategy: How to break it down and get it done.* Boston, MA: Harvard Business Review Press.

Ramirez, R. (1987). Towards an aesthetic theory of social organization. Unpublished doctoral dissertation, Social Systems Science Department, The Wharton School, University of Pennsylvania.

Ramirez, R. (1991). *The beauty of social organisation (Studies of action and organization).* Munich: Accedo Verlagsgesellschaft.

Ramirez, R. (1996). Wrapping form and organisational beauty. *Organisation, 3*(2), 233–242.

Ramirez, R. (2005). The aesthetics of cooperation. *European Management Review, 2*(1), 28–35.

Ramirez, R. & Arvidsson, N. (2005). The aesthetics of business innovation: An experiencing 'internal process' versus 'external jolts'. *Innovation: Management, Policy & Practice, 7*(4), 373–388.

Ramirez, R., & Ravetz, J. (2011). Feral futures: Zen and aesthetics. *Futures, 43*(4), 478–487.

Ramirez, R., Österman, R., & Grönquist, D. (2013). Scenarios and early warnings as dynamic capabilities to frame managerial attention. *Technological Forecasting and Social Change, 80*(4), 825–838.

Ramirez, R. & Selin, C. (2014). Plausibility and probability in scenario planning. *Foresight, 16*(1), 54–74.

Rooke, D., & Torbert, W. R. (2005). Seven transformations of leadership. *Harvard Business Review, 83*(4), 66–76.

Ropo, A., & Sauer, E. (2008). Dances of leadership: Bridging theory and practice through an aesthetic approach. *Journal of Management & Organization, 14*(05), 560–572.

Runco, M. A. (2007). *Creativity – Theories and themes: Research, development, and practice.* Burlington, San Diego, London: Elsevier Academic Press.

Schein, E. H. (2004). *Organizational culture and leadership* (3. Aufl.). San Francisco: Jossey-Bass/Wiley.

Schneider, J. & Schoof, F. (2016). Gesundheitskompetenz entwickeln – Betriebliches Gesundheitsmanagement bei der Wieland-Werke AG – gemeinsam mit der Wieland BKK. In M. A. Pfannstiel & H. Mehlich (Hrsg.), Betriebliches Gesundheitsmanagement. Konzepte, Maßnahmen, Evaluation. Wiesbaden: Springer Fachmedien.

Schoemaker, P. J. H. (1993). Multiple scenario development: Its conceptual and behavioral foundation. *Strategic Management Journal, 14*(3), 193–213.

Scholten, D. L. (2010). A primer for Conant & Ashby's "Good-Regulator Theorem": https://www.goodregulatorproject.org/images/A_Primer_For_Conant_And_Ashby_s_Good-Regulator_Theorem.pdf. Zugegriffen: 03. Mai. 2017.

Schumpeter, J. A. (1947). The creative response in economic history. *Journal of Economic History , VII*(2), 149–159.

Schwartz, P. (1996). *The art of the long view: Scenario planning – Protecting your company against an uncertain future.* Chichester: Wiley.

Steckelberg, A. V. (2015). Orchestrating a creative learning environment: Design and scenario work as a coaching experience – How educational science and psychology can help design and scenario work & vice-versa. *Futures, 74,* 18–26.

Steckelberg, A. V. (2016). Wahrnehmung und ihre Rolle bei der gesellschaftlichen Integration. BMBF-Forschungsantrag. Interne Dokumentation der Leadership-Kultur-Stiftung, Antrag Nr. 1/2016.

Steckelberg, A. V. (2017a). Leadership and management – Past, present and future how complexity and creativity form the fields and which role culture plays and ethic has to play. Workpaper, Version April 2017. https://www.academia.edu/30384742/Leadership_and_Management_Past_Present_and_Future._How_Complexity_and_Creativity_Form_the_Fields_and_Which_Roles_Culture_Plays_and_Ethic_Has_to_Play. Zugegriffen: 08. Mai. 2017. Der Artikel ist als Teil I im vorliegenden Buch enthalten.

Strati, A. (1999). *Organization and aesthetics.* London: Sage Publications.

Strati, A. (2010). Aesthetic understanding of work and organizational life: Approaches and research developments. *Sociology Compass, 4*(10), 880–893.

Ulrich, H. & Krieg, W. (1972). St. Galler Management-Modell. Bern: Haupt.

Taylor, S. S., & Hansen, H. (2005). Finding form: Looking at the field of organizational aesthetics. *Journal of Management Studies, 42*(6), 1211–1231.

Van der Heijden, K. (2005). *Scenarios: The art of strategic conversation.* Chichester: Wiley.

Wilson, J. M. (1995). Henry Ford's just-in-time system. *International Journal of Operations & Production Management, 15*(12), 59–75.

Wood, J. C., & Wood, M. C. (2003). *Henry Ford: Critical evaluations in business and management.* London, UK and New York, NY: Routledge.

Zaleznik, A. (1977). Managers and leaders: Are they different? *Harvard Business Review, 55*(3), 67–78.

Zaleznik, A. (1981). Managers and leaders: Are they different? *Journal of Nursing Administration, 11*(7), 25–31.

Zaleznik, A. (1992). Managers and leaders – Are they different? *Harvard Business Review Article, 70*(2), 126–135.

Zaleznik, A. (2004a). Managers and leaders: Are they different? *Harvard Business Review, 82*(1), 74–81.

Zaleznik, A. (2004b). Managers and leaders: Are they different? *Clinical Leadership & Management Review, 18*(3), 171–177.

11.1 Präambel

Für den intendierten Praxistransfer (Konzeption des Lehrcurriculums[1]) dient die Studie nach Sutherland (2012) als Orientierungshilfe im Hinblick auf die Seminaraufstellung. Sutherland (2012) liefert in diesem Zusammenhang eine Seminarstruktur für Leadershipseminare[2] – mit Seminarinterventionen aus dem Bereich Musik –, die sich folgendermaßen aufbaut:

- Framing (thematische Hinführung und erste Reflexionen über die Verbindung zwischen dem bevorstehenden musikbasierten Seminarteil und Leadership),
- Aestheticizing (Ästhetisieren der Umgebung),

---

[1]Unter (Lehr- bzw. Lern-) Curriculum ist hier folgendes gemeint: In Rahmen dieser Arbeit wird nur auf den didaktischen Teil Bezug genommen. Die restlichen – vor allem organisatorischen und rechtlichen – Rahmenbedingungen und Anforderungen können bei einer konkreten Umsetzung den jeweils aktuellen Gegebenheiten angepasst werden. Anhaltspunkte bzw. Ideenanregungen, wie ein (Lehr- bzw. Lern-) Curriculum aufzubauen ist, liefert z. B. ein Leitfaden zur Curricula-Erstellung der TU Wien (TU wien 2011).

[2]Im Rahmen dieser Arbeit liegt der Schwerpunkt auf ästhetik-basiertem und kreativem Lernen aus Leadership-Sicht bzw. aus der Perspektive der dargestellten Leadershipverpflichtungen. Sowohl Leadership als auch Management als Führungsform wurden im Verlauf dieser Arbeit thematisiert. Deshalb sei ergänzend erwähnt, dass auch Managementseminare, die ebenso auf ästhetik-basiertes und kreatives Lernen abzielen, bei der Erstellung dieser Arbeit zur Kenntnis genommen wurden (Anderson et al. 2006; Anderson et al. 2009a; Anderson et al. 2009b; Schiuma 2011).

© Der/die Autor(en), exklusiv lizenziert durch Springer Fachmedien Wiesbaden GmbH, ein Teil von Springer Nature 2021
A. Steckelberg et al., *Leadership & Management*,
https://doi.org/10.1007/978-3-658-32987-7_11

- De-routinising (Entroutinisieren, d. h., den Lern- bzw. den Erfahrungsraum ungewöhnlich machen) und
- Aesthetic reflexity (Reflektieren über das ästhetische Erfahren) (Sutherland 2012).

Zunächst werden die einzelnen Seminarabschnitte dem Leser durch nähere Erläuterung zugänglicher gemacht. Im Anschluss ist es die Intention des Autors, diese Struktur in den intendierten Praxistransfer zu integrieren.

Framing
Den ersten Teil des Lernseminars bildet das Framing. Die direkte Übersetzung zu „Gerüst bzw. Rahmen geben oder schaffen" soll in diesem Zusammenhang bedeuten, dass die Teilnehmenden eine thematische Hinführung durch einen Fachreferenten erhalten und auch emotional auf die bevorstehende Intervention eingestimmt werden. Zusätzlich soll der Fachreferent die Teilnehmenden darin bestärken, am Seminar aktiv teilzunehmen (Sutherland 2012). Während des Framings bekommen die Teilnehmenden relevantes Wissen vermittelt. In diesem Zusammenhang findet auch eine nähere Erläuterung der bevorstehenden Intervention statt. Die Intervention kann z. B. musikbasiert[3] durch ein Orchester aufgebaut werden. Die Teilnehmenden sollen erste Reflexionen über die Verbindung zwischen dem musikbasierten Seminarteil und Leadership vornehmen. Für die Intervention erhalten die Teilnehmenden Beobachtungsaufgaben auf unterschiedlichen Beobachtungsebenen, die im Hinblick auf das ästhetische Reflektieren von Bedeutung sind, z. B.:

- An welchen „Stellschrauben" dreht der Dirigent auf dem Weg zur Harmonie?
- Beobachten des Ensembles ohne den Dirigenten: Beobachten der Kommunikation zwischen den Ensemblemitgliedern. Wie korrigieren sie sich bei Fehlern, wie stellen sie Harmonie her?
- Beobachten von unterschiedlichen Führungsstilen (bei beispielsweise zwei anwesenden Dirigenten) oder ein Dirigent, der unterschiedliche Ensemble- oder Chorgruppen leitet (vgl. Sutherland 2012).

Aestheticizing
Nach Sutherland (2012) erfordern kunst- bzw. musikbasierte Seminare einen ästhetischen Arbeitsraum. Durch Ästhetisieren wird die passende ästhetisch-kreative

---

[3] Auf bestimmten und sorgfältig ausgewählten Musikstücken aufgebaute Intervention.

Umgebung geschaffen, die die Aufmerksamkeit und Vorstellungskraft der Teilnehmenden fördert. Dies wird dadurch erreicht, dass einerseits der Dirigent
professionell dazu ausgebildet ist, ein Musikensemble angemessen zu leiten (Taylor
und Ladkin 2009) und andererseits die Musikgruppe eine hohe Qualität vorweist.
Auf dieser Basis entsteht Harmonie und Ästhetik, die die Teilnehmenden während
der Intervention wahrnehmen: „The perceived beauty, energy or ‚heavenly' qualities
that are emerged from the music by the participants create engagement at expressive,
embodied and emotional levels." (Sutherland 2012, S. 8). Nach Sutherland (2012)
handelt es sich beim Ästhetisieren demnach um eine essenzielle Basis, die in Kombination mit dem vorgeschalteten Framing dazu führt, dass die Teilnehmenden die
Seminarziele im Zusammenhang mit Leadershiparbeit bzw. -entwicklung erreichen
können und die erwünschten Wirkungen erzielt werden. Die Teilnehmenden können aufgrund ihres ästhetischen Erfahrens während der Intervention in besonderer
Weise Verbindungen zum Thema Leadership herstellen (Sutherland 2012).

De-routinising
„De-routinising" bzw. Entroutinisieren bedeutet, dass der Lern- bzw. Erfahrungsraum ungewöhnlich gemacht wird. Dadurch entsteht bei den Teilnehmenden
ein Gewohnheitsbruch in Bezug auf ihre Lernumgebung und sie ändern ihre
Betrachtungsperspektive. Das ungewöhnliche Lernsetting fordert die Teilnehmenden, Lernroutinen zu durchbrechen: „The presence of such elements challenges the
expectations of participants and compels them to figure out what is going on, what
is expected of them and what action styles they should adopt." (Sutherland 2012,
S. 8). Entroutinisieren führt demnach dazu, dass die Teilnehmenden verstärkt über
das Geschehnis und ihre Umgebung nachdenken. Auf diese Weise wird die Reflexi-
vität der Teilnehmenden gefördert, was zum nächsten und letzten Seminarabschnitt
nach Sutherland (2012) führt und folgend erläutert wird.

Aesthetic reflexivity
Der wichtigste Bestandteil ist schließlich, dass die Teilnehmenden ihr Erlebtes (das
ästhetische Erfahren) reflektieren. Durch die Reflexion, die durch die Wahrnehmung
der einzelnen Teilnehmenden und dem Bestreben nach Harmonie und Ästhetik
initiiert wird, entwickeln die Teilnehmenden ihre mentalen Modelle weiter (Sutherland 2012). In Bezug auf die (Nachwuchs-) Führungskräfteentwicklung werden die
(Nachwuchs-) Führungskräfte z. B. in ihrem Führungsverhalten, dem Verständnis für strategisch-zukünftige Trends, der Interkulturalität, Teamarbeit, sozialen
Verantwortung u.v.m. sensibilisiert (Steckelberg 2016). Die Reflexion im Rahmen
des intendierten Praxistransfers kann schließlich verschiedenartig ausgestaltet sein
(siehe weiter unten in diesem Abschnitt).

Die Seminarstruktur nach Sutherland (2012) liefert eine gute Grundlage, um
ästhetik-basierte Lehr-/Lernmethoden in der (Nachwuchs-) Führungskräfteentwicklung in ihrer Grobstruktur zu erfassen. Im Hinblick auf den intendierten
Praxistransfer und die in dieser Arbeit angestrebte Seminaraufstellung erscheint die
Vorgehensweise nach Sutherland (2012) allerdings ergänzungsbedürftig, weshalb
im Rahmen der Arbeit eine Erweiterung vorgenommen wird[4]. Steckelberg (2017b)
greift die in der Studie von Sutherland (2012) dargestellte Vorgehensweise und die
dort präsentierten Resultate auf und verwendet das als Methode für eine potenzielle
Seminaraufstellung. Steckelberg (2017b) erweitert die Methode anschließend zur
FIRST-Methode, die erstens universeller angelegt ist (umfasst vielfältige Bereiche,
über Kunst und Musik hinaus) und zweitens um den Aspekt des Stimulierens ergänzt
wird[5]. Von folgendem Seminardesign wird dabei ausgegangen:

- F – Framing
- I – Intervention (aestheticizing und de-routinising eingeschlossen),
- R – Reflexion,
- ST – further STimulation (Wahrnehmungsänderungen der Teilnehmenden fördern und eine theoretische Weiterentwicklung sowie empirische Forschung
  initiieren und verstärken, um das Seminarprogramm und das Forschungsgebiet
  ständig weiterzuentwickeln).

An dieser Stelle werden die von Sutherland (2012) getrennt behandelten Seminarab-
schnitte des Ästhetisierens und des Entroutinisierens im Abschnitt der Intervention
zusammengefasst. Der Grund dafür ist, dass allein durch Ästhetisieren schon ein
Entroutinisieren hervorgerufen werden kann, ohne, dass der Lern- bzw. Erfah-
rungsraum (physisch) gewechselt werden muss. Anhand der Erkenntnis, dass
Entroutinisieren mit Ästhetisieren einhergeht, zeigt sich, dass eine Trennung im
Sinne von Sutherland (2012) nicht sinnvoll ist, weil die Abgrenzung zwischen beiden
Seminarteilen nicht scharf genug ist.

---

[4]Aus freien bzw. unstrukturierten Experteninterviews von Charly Harrer mit Herrn PD
Dr. Alexander V. Steckelberg entstanden, vgl. hierzu die Beschreibung der methodischen
Vorgehensweise.

[5]Im Abschn. 2 wurde die Fallstudie von Sutherland (2012) sowie die darauf aufbauende
FIRST-Methode von Steckelberg (2017b) schwerpunktmäßig aus methodischer Sicht betrachtet. Im Hinblick auf das Seminardesign bzw. das Lernsetting hat die Vorgehensweise allerdings
auch eine didaktische Bedeutung. Deshalb wird die FIRST-Methode an dieser Stelle erneut
aufgegriffen und vertieft behandelt.

Die Reflexion beschränkt sich allerdings in diesem Rahmen nicht nur auf die bloße Verbalisierung oder Verschriftlichung im Seminar bzw. im Anschluss an das Seminar. Die Reflexion soll vielmehr sukzessiv aufgebaut werden, damit die Stimulation (s. Folgephase) verstärkt wird. Aus diesem Grund erfolgen – wie bereits angedeutet – verschiedene Formen der Reflexion:

- Im Gruppengespräch (mit oder ohne Referent)[6],
- (Selbst-) Reflexion[7] ohne Verschriftlichung,
- (Selbst-) Reflexion durch Verschriftlichung,
  - am Seminarort (während des Seminartages), oder
  - als Hausaufgabe.

Stimulation schließlich verfolgt simultan zwei Ziele. Zum einen die Wahrnehmungsänderung bzw. Wahrnehmungssensibilisierung und das Fördern von potenziell folgenden Verhaltensänderungen der Teilnehmenden mit dem Ziel, die eigene Wahrnehmung zu sensibilisieren und das Verständnis für die fremde Wahrnehmung zu stärken. Zum anderen die Förderung der Programmentwicklung und der darauf bezogenen Forschung. Durch die Beschreibung des Seminaraufbaus wird deutlich, dass die FIRST-Methode eine Erweiterung der Darstellung von Sutherland (2012) ist und sich in mehreren Aspekten von der Vorgehensweise nach Sutherland (2012) abgrenzt (vgl. dazu Abschnitt zu Vorgehensweise – Forschungsfragen und methodisches Vorgehen):

- Das angestrebte Lehrcurriculum vereint eine Seminaraufstellung aus einer Vielzahl an Bereichen, über die Kunst bzw. die Musik als Seminarbasis hinaus,
- die Aspekte des Ästhetisierens und des Entroutinisierens werden im Abschnitt der Intervention zusammengefasst,
- die mehrfach angelegten Reflexionsphasen sollen die Wahrnehmungsänderung der Teilnehmenden fördern; die aufgezeichneten Reflexionen unterstützen zudem eine theoretische Weiterentwicklung sowie empirische Forschung, um das Seminarprogramm und das Forschungsgebiet ständig weiterzuentwickeln.

---

[6]Das Gespräch wird (evtl. anonymisiert) dokumentiert.
[7]Die (Selbst-) Reflexionen enthalten keine Vorgaben.

Lerntheoretische Überlegungen

Als lerntheoretische Unterstützung der Seminare wird auf Ausubel & Bruner Bezug genommen. Beide verfolgen das Ziel, dass sich der Lernende in der jeweiligen Lernsituation konkrete Wissensstrukturen aneignet. In ihrer Vorgehensweise, wie die anvisierten Wissensstrukturen angeeignet werden sollen, unterscheiden sie sich jedoch. Während bei Ausubel (1960, 1968) vorrangig das Produkt der Wissensaneignung (das Lernergebnis) im Vordergrund steht, legt Bruner (1961, 1966, 1971) den Schwerpunkt auf den Prozess des Verstehens (Hasselhorn und Gold 2013, S. 292). Im Hinblick auf das angestrebte Lehr-/Lerncurriculum wird eine Kombination beider Theorien angestrebt, damit die Seminare sinnhaft aufgebaut werden, ein möglichst intensives Lernen ermöglicht wird und individuelle Lernbesonderheiten berücksichtigt werden (vgl. Abschnitt zu Vorgehensweise – Forschungsfragen und methodisches Vorgehen).

Ausubel (1960, 1968) vertritt die Theorie eines bedeutungsvollen, verbal–rezeptiven Lernens, das auch „darstellendes bzw. darbietendes Unterrichten" *(expository teaching)* genannt wird (Hasselhorn und Gold 2006, S. 218, 251). In diesem Zusammenhang weist Ausubel (1960, 1968) auf den Vorkenntnisbezug beim Wissensaufbau sowie auf die Notwendigkeit hin, neuen Lernstoff immer in Anknüpfung zu bereits vorhandenem Wissen darzustellen (Hasselhorn und Gold 2006, S. 218). Das Lehrmaterial wird bedeutungsvoll aufbereitet und durch das Medium Sprache dargeboten. Die Lernenden sollen mit dem dargestellten Lernstoff etwas verbinden und den Inhalt dadurch besser aufnehmen können. Diesen Vorgang – die Interaktion zwischen neuen Informationen und Vorwissen – beschreibt Ausubel (1960, 1968) in seiner Assimilationstheorie (Hasselhorn und Gold 2006, S. 251). Unter bedeutungsvollem Lernen nach Ausubel (1960, 1968) wird verstanden, dass vor Beginn des eigentlichen Lernprozesses relevante Vorkenntnisse der Lernenden aktiviert werden, damit nachfolgende Assimilationsprozesse (Subsumtion, Erweiterung oder Verknüpfung des neuen Wissens mit dem bereits vorhandenen Wissen) ermöglicht werden (Hasselhorn und Gold 2006, S. 252). Z. B. kann das über vorstrukturierende Einordnungshilfen erfolgen, die Ausubel als „advance organizer" beschreibt (Hasselhorn und Gold 2006, S. 55). Sinnvoll sind diese allerdings nur, wenn sie auf das Vorwissen der Lernenden und an ein für die Lernenden angemessenes Abstraktionsniveau angepasst sind (Hasselhorn und Gold 2006, S. 55). Schließlich soll der Aufbau von Wissensstrukturen nach Ausubel (1960, 1968) deduktiv erfolgen (Prinzip der progressiven Differenzierung) (Hasselhorn und Gold 2006, S. 252).

Während Ausubel (1960, 1968) davon ausgeht, dass den Lernenden der Lehrstoff am besten bedeutungsvoll aufbereitet und dargeboten wird, damit die Lernenden diesen mit ihren bisherigen kognitiven Strukturen verknüpfen können, geht es Bruner

(1961, 1966, 1971) in seiner Theorie verstärkt um die Selbsttätigkeit der Lernenden (Hasselhorn und Gold 2006, S. 218; Hasselhorn und Gold 2013, S. 290 ff.). Bruner (1961, 1966, 1971) vertritt die Theorie des *entdeckenden* Lernens. Hierbei ist die Selbsttätigkeit der Lernenden angesprochen, denn der Lerninhalt (bzw. Teile davon) soll selbst erschlossen werden. Die Aspekte der Planung und der Lenkung durch die Lehrkraft sind bei beiden Theorien, jedoch in unterschiedlichen Ausprägungen, vorhanden. Im Gegensatz zum rezeptiven Lernen nach Ausubel (1960, 1968) greift die Lehrkraft beim entdeckenden Lernen nach Bruner (1961, 1966, 1971) lediglich ein, wenn dies erforderlich wird. Die Lehrkraft soll entdeckendes Lernen bewusst bereitstellen (Aspekt der Planung), weshalb Bruner (1961, 1966, 1971) von „Gewähren" (entdecken lassen) bei dieser Lernform spricht. Dabei soll möglichst auch die Neugier bei den Lernenden geweckt werden, damit der Lernprozess unterstützt wird (Hasselhorn und Gold 2006, S. 266). Da beim Lernen nach Bruner stets ein Mindestmaß an Lenkung erforderlich ist, wird auch von einem „gelenkten entdeckenden Lernen" gesprochen (Hasselhorn und Gold 2013, S. 293). Bruner (1961, 1966, 1971) geht es in seiner Theorie schließlich um den Prozess des Verstehens bzw. um das Erarbeiten von entsprechenden Problemlösestrategien: „Meiner Meinung nach kann man nur durch Üben des Problemlösens und dadurch, dass man sich um Entdeckung bemüht, die heuristischen Methoden der Entdeckung lernen; je mehr man geübt ist, umso eher wird man das Gelernte zu einem Problemlösungs- oder Fragestil verallgemeinern können, der sich auf jede oder fast jede angetroffene Aufgabenart anwenden lässt." (Bruner 1961/1973, S. 26). Die Theorie nach Bruner (1961, 1966, 1971) entspricht somit einem Lernen durch Induktion (Hasselhorn und Gold 2006, S. 266).

Im Folgenden wird dargestellt, wie die soeben behandelten Aspekte zu Ausubel & Bruner in der intendierten, konkreten Seminarumsetzung wiederzufinden sind.

Im Framing soll – im Sinne Ausubels (1960, 1968) – zunächst an das Vorwissen der Teilnehmenden angeknüpft werden. Dies erfolgt durch das Bereitstellen von vorstrukturierten, theoretisch aufbereiteten Lerninhalten, z. B. zum Thema Leadership als Führungsform in Organisationen. In diesem Zusammenhang können die sogenannten Organisationshilfen (advance organizer) Verwendung finden, um das Vorwissen sowie das Abstraktionsniveau der Teilnehmenden – auch bzgl. des Folgeinputs – auf einen Nenner zu bringen. Dies entspricht einer sinnvollen Darstellung nach Ausubel (1960, 1968) (Hasselhorn und Gold 2006, S. 252). Das Framing übernimmt aber selbst die Rolle eines advance organizer: Dazu gehört, dass den Teilnehmenden im Framing ein Input zum Thema Wahrnehmung und zu einer konkreten – der seminarspezifisch betroffenen – Leadershipverpflichtung gegeben wird sowie auch zu deren spezifischen Verbindungen zum Themenkomplex der Wahrnehmung. Auf diese Weise bauen die Teilnehmenden ein allgemeines (teils jedoch auch spezifisches Wissen) zu Wahrnehmung und Leadership auf, das die Basis für die folgende bzw. „spezifische" Intervention bildet. Die Teilnehmenden erhalten dadurch die Möglichkeit, vom allgemeinen Wissen auf den Einzelfall zu schließen (deduktiver Vorgang im Sinne Ausubels (1960, 1968)) (Hasselhorn und Gold 2006, S. 252). Durch die sinnvolle Darstellung des Lerninhalts innerhalb des Framings erhalten die Teilnehmenden somit eine Wissensbasis, an die sie anknüpfen und anhand derer sie sich auch emotional auf den nächsten Seminarabschnitt einstellen können. Der vorstrukturierte – im Framing vermittelte – Lerninhalt unterstützt die Teilnehmenden zudem darin, erste Reflexionen anstellen zu können und Verbindungen zwischen der behandelten Leadershipverpflichtung und der bevorstehenden Intervention zu suchen.

Die Intervention hingegen ist stark dadurch charakterisiert, dass die Teilnehmenden im Sinne Bruners (1961, 1966, 1971) selbstständig (auch angeregt durch Reflexionen und Diskussionen in der Teilnehmergruppe) und (selbst-) „entdeckend" das Thema Wahrnehmung und Leadership ergründen (Hasselhorn und Gold 2006, S. 266). Die Teilnehmenden sollen ihre Wahrnehmung schulen und Muster bzw. Strategien entwickeln, die sich auch auf andere Kontexte übertragen lassen (Hasselhorn und Gold 2006, S. 266). Den Teilnehmenden wird im Rahmen der Intervention durch das „Entdeckenlassen" eine aktive Rolle zugewiesen und der Fachreferent greift lediglich impulsgebend – wenn erforderlich – ein. Durch die Art und Weise, wie der Fachreferent agiert, unterstützt er ein Gewähren des Entdeckenlassens und das Nachdenken und Reflektieren der Teilnehmenden. Somit handelt es sich hier um ein „gelenktes entdeckendes" Lernen, analog zur Theorie nach Bruner (Hasselhorn und Gold 2006, S. 266). Die Teilnehmenden lassen die Intervention auf sich wirken und untersuchen in diesem Zusammenhang, welche Verbindungen sie zwischen der – im Framing thematisierten – Leadershipverpflichtung und z. B. der Orchesterperformance sehen. Der Lernzugang ist dabei induktiv, weil die Teilnehmenden vom konkreten Interventionsbeispiel versuchen, auf einen entfernteren Themenkomplex bzw. auf die thematisierte Leadershipverpflichtung zu schließen. Dabei ist auch ein Rückgriff auf die Lerninhalte im Framing möglich, sodass die Teilnehmenden bzw. Lernenden zwischen beiden Lernzugängen (deduktiv und induktiv) wechseln können. Somit ist – wie anfangs angedeutet – ein ganzheitlicheres Lernen gegeben, das den individuellen Lernbesonderheiten der einzelnen Teilnehmenden gerechter wird, als wenn nur ein spezifischer Lernzugang als Grundlage berücksichtigt wird.

In entsprechenden Reflexions- und Diskussionsphasen ist es möglich, dass weiterer theoretischer Input zum Thema Wahrnehmung und zur jeweils konkreten Leadershipverpflichtung zur Vertiefung erfolgt. Der Fachreferent kann aber ebenso – wie bereits angedeutet – während der laufenden Intervention Impulse bzw. Input geben. Impulse bzw. Input können auch durch die Anregungen der anderen Teilnehmenden kommen. Dadurch kann auch planmäßig, z. B. im Seminarabschnitt der Intervention, der Lernzugang gewechselt werden. In Bezug auf die jeweilige Ausprägung ist jedoch das Framing verstärkt der Theorie nach Ausubel und die Intervention verstärkt der Theorie nach Bruner zuzuordnen.

Der Einsatz von (mehrstufiger) Reflexion und die Idee, dass die Teilnehmenden dadurch ihre Wahrnehmungsänderung initiieren bzw. verstärken, wird dadurch unterstützt, dass die Trends beim Lernen in der Erwachsenenbildung auch darauf abzielen, dass Lernen vermehrt „als ein konstruktiver und selbstorganisierter Akt der Aneignung" betrachtet wird (Schüßler 2008, S. 3; vgl. Kade 1989, 1993). Hierbei ist zu beachten, dass es verschiedene Formen von Reflexionen gibt, die sich in den Aspekten Reflexionsebene, -inhalte und -impulse unterscheiden (Schüßler 2008). Betrachtet werden in diesem Zusammenhang die Selbst- und die Gruppenreflexion (abgewandelt nach Schüßler 2008):

- **Selbstreflexion**: Reflexion des eigenen Denkens, Handelns und Lernens sowie Reflexion von Gefühlen. Reflexionsimpulse sind beispielsweise der innere Dialog als auch die Verschriftlichung der Seminarerfahrungen.
- **Gruppenreflexion**: Reflexion über das gemeinsame Erleben und der Abgleich des eigenen Denkens, Handelns und Lernens mit dem Denken, Handeln und Lernen der Gruppe. Reflexionsimpulse sind beispielsweise Metakommunikation, gruppendynamische Übungen und Evaluation bzw. Feedback des Lernprozesses.

Anhand eines Beispielseminars kann gezeigt werden, wie die Organisation der Reflexion aufgebaut werden kann. Wie bereits erläutert, werden die Teilnehmenden im Rahmen des Framings erste Reflexionen zu der konkreten – theoretisch vermittelten – Leadershipverpflichtung (z. B. Orchestrieren), den potenziellen Beobachtungsaufgaben und der bevorstehenden Performance des Orchesters vornehmen (vgl. Seminar 1 zum Orchestrieren). Dies erfolgt durch eine Verschriftlichung der Selbstreflexion. Die Intention dabei ist, dass die Teilnehmenden – ohne Vorgaben – ihre eigenen Überlegungen niederschreiben können. Dadurch sollen sie sich auch emotional auf die bevorstehende Intervention vorbereiten. Dies ist bereits an dieser Stelle wichtig, weil es nach Schüßler (2008) bei der Begleitung von Lernprozessen

Erwachsener nicht nur um das Bereitstellen und Vermitteln von theoretisch aufberei-
tetem Lernmaterial, sondern vor allem auch um die Ermöglichung von sogenannten
Differenzerfahrungen und ihrer reflexiven Verarbeitung geht (Schüßler 2008). Die
Teilnehmenden sollen deshalb bereits in diesem Seminarabschnitt Anstrengungen
dahin gehend unternehmen, zu reflektieren, wie sie die ihnen noch unbekannte
Intervention zu diesem Zeitpunkt einordnen bzw. verarbeiten.

Im Rahmen der Intervention sollen verstärkt Gruppenreflexionen zum Einsatz
kommen. In diesem Zusammenhang nimmt der zuständige Referent eine lenkende
Rolle ein (Hasselhorn und Gold 2006, S. 266), gibt den Teilnehmenden Impulse
(z. B. vor und nach der Performance des Orchesters) und ermöglicht dadurch, dass
die Teilnehmenden ihre ästhetischen Erfahrungen verstärkt reflektieren. Beispielsweise könnte der Referent Fragen zur Atmosphäre stellen: „Lädt die Atmosphäre im
Raum bzw. in der Umgebung zur Kreativität ein bzw. motiviert sie zur Kreativität?
Empfinden Sie die aktuelle Umgebung als harmonisch? Wie lässt sich das Ergebnis auf die organisationale Praxis übertragen?". Dadurch, dass die Reflexion in der
Gruppe stattfindet, können Anregungen und Impulse untereinander erfolgen bzw.
von anderen Teilnehmenden kommen. Im Rahmen der Gruppenreflexionen werden
u. a. die zuvor gestellten Beobachtungsaufgaben besprochen und diskutiert. Die
Seminarintervention fördert das Initiieren der Wahrnehmungsänderung der Teilnehmenden. Die Teilnehmenden sehen sich einer – ihnen unbekannten – Lernsituation
bzw. -umgebung gestellt. Das Reflexionsverständnis Deweys (1997a, 1955, 1997b;
Jenert 2008, S. 4 f.) zeigt, – aus pädagogisch-didaktischer Sicht – dass eben solche Situationen (sogenannte *problematische Situationen*) eine zentrale Rolle für das
Lernen spielen. Der Auslöser bzw. Ausgangspunkt für Reflexion ist nach Dewey
die Unsicherheit angesichts einer neuen, bisher noch nicht erlebten Situation. Ein
Abgleich des Neuen und Unbekannten mit bereits gemachten Erfahrungen und
vorhandenem Wissen ermöglicht es, diese „problematischen Situationen" zu inter-
pretieren und zu verstehen (Dewey 1955, S. 287; Jenert 2008). Umgekehrt dient
die Auseinandersetzung mit einer problematischen Situation der kritisch-reflexiven
Überprüfung bestehenden Wissens, die zu neuen Einsichten und Erkenntnissen führt
(Jenert 2008). Reflexion weist für Dewey also stets in zwei Richtungen: Als deduk-
tive Aktivität bezeichnet sie das Rekurrieren auf bereits gemachte Erfahrungen und
bestehendes Wissen. Als induktive Aktivität führt sie zu neuen Einsichten und Fol-
gerungen (Jenert 2008, S. 6). Somit kann eine Verknüpfung zu der vorangegangenen
bildungstheoretischen Betrachtung hergestellt werden, denn es soll sowohl deduktiv (Ausubel 1960, 1968; Hasselhorn und Gold 2006, S. 252) als auch induktiv
bzw. „entdeckend" (Bruner 1961, 1966, 1971; Hasselhorn und Gold 2013, S. 293)
vorgegangen werden.

Zum Ende des Seminars bzw. im Anschluss an das Seminar sind weitere Reflexionen angedacht. Die Teilnehmenden reflektieren zum Seminarende schriftlich, was sie im Rahmen des Seminars erfahren bzw. erlebt haben (sowohl die kognitive als auch die emotional-motivationale Seite wird dabei berücksichtigt; vgl. das Komponenten-Modell kreativen Lernens von Steckelberg, i. V., vgl. auch Abschn. 2 zu Vorgehensweise – Forschungsfragen und methodisches Vorgehen) und welche Verbindungen sie zwischen der spezifischen Leadershipverpflichtung und der konkreten Seminarintervention ziehen. In diesem Zusammenhang soll den Teilnehmenden die notwendige Zeit gegeben werden, ihr Erlebtes weiter zu verarbeiten. Sinnvoll sind schließlich auch Reflexionen, die dem Seminarende zeitlich nachgeschaltet sind und somit eine längere Begleitung ermöglichen. Die schriftliche Dokumentation hat dabei den Vorteil, dass die Teilnehmenden ihre Reflexionsprozesse bzw. Entwicklungen in ihrer Reflexion festhalten und für sich erkennen bzw. nutzen können.

Das Fördern von Wahrnehmungsänderungen ist zwar ein Aspekt der Stimulation, wird aber in den Seminarbeschreibungen in den Abschnitten zum Framing und zur Intervention mitthematisiert, um die entsprechenden damit verbundenen Erläuterungen nicht wiederholen zu müssen. Die mehrfach angelegten Reflexionsprozesse unterstützen die Teilnehmenden, Wahrnehmungsänderungen zu initiieren. Dadurch erhalten die Teilnehmenden die Möglichkeit, die auf ihrer bisherigen Wahrnehmung basierenden Verhaltensmuster zu ändern. Wie bereits im Abschn. 2 beschrieben, soll bei der Stimulation auch die theoretische Weiterentwicklung sowie empirische Forschung vorangetrieben werden. Damit soll das Seminarprogramm und das Forschungsgebiet ständig weiterentwickelt und somit die Effektivität des Verfahrens erhöht werden.

Außerdem unterstützt bzw. ermöglicht die FIRST-Methode kreatives Lernen der Teilnehmenden, da dadurch eine kreative Lernumgebung geschaffen wird. Bei einer entsprechenden Umsetzung sind dabei alle drei Hauptkomponenten einer Coaching-Situation erkennbar: ein in bestimmten Phasen aufgebauter Prozess, ein lernzielgerichtet und reflexionsorientiert geführter Dialog sowie eine intensive und fördernde Beziehung (Steckelberg 2015, i. V., 2017b). Insgesamt zeigt die Diskussion in diesem Abschnitt, dass die vorgestellte FIRST-Methode eine Basis für eine ganzheitliche Lernerfahrung schafft. Vorstellbar sind daher auch andere Einsatzgebiete dieser Methode, die von dieser Arbeit nicht erfasst wurden (vgl. Abschnitt Schlusswort & Ausblick).

In der im nächsten Abschnitt dargestellten Seminaraufstellung werden die in der Theorie bearbeiteten Leadershipverpflichtungen exemplarisch aufgegriffen. Hierbei liegt die Konzentration in der Regel auf jeweils einer spezifischen Leadershipverpflichtung oder auf einem spezifischen Themenschwerpunkt. Gegebenenfalls können auch andere Aspekte von Leadership in dem gleichen Setting behandelt werden. Vorstellbar ist auch, dass das gleiche Setting weiterentwickelt und für die Thematisierung anderer Leadershipverpflichtungen verwendet werden könnte. Jede Seminarbeschreibung im nächsten Abschnitt wird tabellarisch dargestellt und orientiert sich dabei in ihrem Aufbau an den Modulhandbüchern des Studiengangs „Pädagogik" des Karlsruher Instituts für Technologie (KIT 2015). Die Seminaraufstellung enthält folgende Tabellenstruktur:

Seminartitel:	Z. B. *Seminar zum Orchestrieren (des Systems) unter Betrachtung einer Orchesterperformance.*
Rubrik	**Angaben**
Seminarspezifische Qualifikationsziele:	Beschreibung der fachlichen und überfachlichen Kompetenzen.
Inhaltsbeschreibung (Kurzzusammenfassung):	
Framing:	Beschreibung des theoretischen Inputs bzw. der spezifischen Leadershipverpflichtung und der Vorbereitung auf die Intervention.
Intervention:	Detaillierte Beschreibung der eigentlichen Intervention.
Seminarspezifische Merkmale:	Beschreibung evtl. Besonderheiten des dargestellten Seminars, z. B. seminarspezifische Vorgaben zur Reflexion.
Reflexion:	s. Präambel
Stimulation:	s. Präambel

Die Seminarbeschreibungen werden in Kurzform dargestellt und sollen dem zuständigen Referenten aufzeigen, welche Inhalte im jeweiligen Seminar zu vermitteln sind. Schwerpunktmäßig wird hierbei Wert auf die Beschreibung der Intervention gelegt, damit der Referent auch darüber informiert ist, wie der spezifische Leadershipschwerpunkt z. B. durch Unterstützung eines Orchesters demonstriert werden kann (vgl. Seminar 1 zum Orchestrieren, Abschn. 5.2.). Der genaue Ablauf wird jeweils im Vorfeld eines Seminars zwischen den konkret beteiligten Personen (Referent und Dirigent im genannten Beispiel) in einem persönlichen Gespräch diskutiert und festgelegt.

Ergänzend ist hinzuzufügen, dass sich Leadership nicht rein auf berufliche Handlungsfelder, z. B. auf die Arbeit in einem Unternehmen, in einer Organisation bzw. auf die Arbeit im Bereich der (Nachwuchs-) Führungskräfteentwicklung beschränkt. Ausschlaggebend ist dagegen, dass die Teilnehmenden im Rahmen der angedachten Seminare die Möglichkeit erhalten sollen, das auf ihrer Wahrnehmung basierende Verhalten ändern und somit ihre mentalen Modelle weiterentwickeln zu können. Die dargestellte FIRST-Methode kann hierbei unterstützen, eine ganzheitliche Lernerfahrung zu schaffen und andere Einsatzgebiete zu erschließen (vgl. weiter oben in diesem Abschnitt). Eine solche Erweiterung wird u. a. durch die aktive gesellschaftliche Rolle von Leadership begründet und dem Bestreben, Leadership auch in gesellschaftlichen Handlungsfeldern zu fördern (LEADERSHIP-KULTUR-STIFTUNG 2014): „Wenn das, was wir unter dem Phänomen „Leadership" verstehen, keine aktive – sogar führende – Rolle in der Gesellschaft übernehmen kann, kann dies auch zu keinem (wirklich) besseren Verständnis der Gesellschaft durch konkrete Individuen und durch die Gesellschaft selbst führen. Schließlich ist dies auch ein Teil des besseren Verständnisses des Ganzen." (zitiert nach Alexander V. Steckelberg in einem Gespräch der beiden Verfasser). Z. B. können durch Begegnung von (Nachwuchs-) Führungskräften bzw. der (potentiellen) wirtschaftlichen Elite und weniger favorisierten Personengruppen unserer Gesellschaft[8] Barrieren abgebaut und die gesellschaftliche Mitte gestärkt werden, indem ein Verständnis für den gegenüberliegenden Pol aufgebaut wird. Davon profitieren letzten Endes beide Parteien. In diesem Zusammenhang kann das Seminar 2 als ein Beispiel herangezogen werden. Dort wird die Möglichkeit aufgezeigt, wie gesellschaftliche Gruppen durch einen sportbasierten Seminaransatz (durch Teilnahme am Rudern) näher zusammengeführt werden können und wie dabei das Phänomen des Erhöhens des Verständnisses des Ganzen demonstriert wird (vgl. Seminar 2 unter Seminarspezifische Merkmale).

Im Folgeabschnitt dieses Kapitels wird die anvisierte Seminaraufstellung vorgestellt. Weiterführende Gedanken hierzu, die sich im Verlauf der Erstellung der Arbeit ergeben haben, erfolgen im letzten Abschnitt zu Schlusswort & Ausblick.

---

[8]Beispielsweise Geflüchtete, aber auch sozial schlechter situierte bzw. aus einem bildungsfernen Milieu stammende Bürgerinnen und Bürger (Steckelberg 2016).

11.2   Seminaraufstellung

11.2.1   Seminar 1

Titel: Seminar zum Orchestrieren (des Systems) unter Betrachtung einer Orchesterperformance

Rubrik	Angaben
Seminarspezifische Qualifikationsziele:	Die Teilnehmenden können Orchestrieren als Leadershipverpflichtung verstehen und in diesem Zusammenhang nachvollziehen, wie das Orchestrieren als eine dauerhaft-initiative Leadershipverpflichtung funktioniert. ihr Verständnis für das Funktionieren des Phänomens Orchestrieren erhöhen.
Inhaltsbeschreibung (Kurzzusammenfassung):	Im Rahmen dieses Seminars wird Leadership und die Verpflichtung zum Orchestrieren mithilfe einer Orchesterperformance thematisiert. Die Teilnehmenden werden sich vertieft mit dieser spezifischen Leadershipverpflichtung auseinandersetzen, indem sie bei der theoretischen Behandlung über mögliche Verbindungen zwischen Orchestrieren[a] und der Orchesterperformance reflektieren. Die Funktion des Orchestrierens lässt sich an verschiedenen Aspekten der Orchesterperformance demonstrieren.
Framing:	Der Referent – der gleichzeitig auch Dirigent sein kann – führt die Teilnehmenden in die Theorie ein und thematisiert schwerpunktmäßig die Leadershipverpflichtung des Orchestrierens. Auf Basis der theoretischen Vermittlung bekommen die Teilnehmenden die Aufgabe, erste Überlegungen zu möglichen Verbindungen zwischen dem Orchestrieren als Leadershipverpflichtung und einer Orchesterperformance anzustellen. Vom Fachreferenten gestellte Beobachtungsaufgaben im Hinblick auf die Intervention unterstützen die Suche nach möglichen Verbindungen und deren Reflexion. Eine solche Beobachtungsaufgabe könnte z. B. folgendermaßen lauten: An welchen Stellschrauben dreht der Dirigent auf dem Weg zur Harmonie?

Rubrik	Angaben
Intervention:	Die Teilnehmenden wechseln für diesen Seminarabschnitt in einen Konzertsaal und treffen dort auf den Dirigenten und das Orchester. Die Teilnehmenden haben im Rahmen der Intervention die Aufgabe, den Dirigenten sowie die Orchesterperformance zu beobachten und deren Tun bzw. Verhalten gemeinsam zu reflektieren. Der Dirigent wählt das für die Intervention passende Stück aus. Der Dirigent beginnt und lässt das Orchester einen Teil des Stücks performen. Im Anschluss daran wird in einem gemeinsamen Gespräch über die vorangegangene Orchesterperformance reflektiert und der Dirigent fragt die Teilnehmenden z. B., wie sie die Orchesterperformance bewerten[b]. Der Dirigent fordert die Teilnehmenden dann auf, ihre Aufmerksamkeit für die Folgephase aufrechtzuerhalten bzw. zu verstärken: „Wir haben soeben eine – aus Ihrer Sicht – gute Performance des Orchesters gesehen. Schauen wir nun genau hin, was jetzt passiert.". Der Dirigent nimmt die Arbeit mit dem Orchester wieder auf, beginnt aber dieses Mal mit einer einzelnen Instrumentengruppe, z. B. mit der Gruppe der Ersten Geigen. In der Arbeit mit dieser Instrumentengruppe zeigt der Dirigent in einer kurzen Sequenz auf, wie an dieser Sequenz gearbeitet werden kann, sodass die Performance nahezu perfekt klingt. Hierbei beschreibt der Dirigent den Teilnehmenden die Ausgangssituation und seine Arbeitsschritte zur Verbesserung der Performance. Nachdem der Dirigent seine Arbeit mit dieser Instrumentengruppe für beendet sieht, fügt er jeweils weitere Instrumentengruppen hinzu und arbeitet auch mit diesen auf eine Verbesserung des Gesamtbildes hin. Die Reihenfolge obliegt dabei dem Dirigenten. Durch diese sukzessive Vorgehensweise demonstriert der Dirigent (evtl. mit Hilfe des Referenten) die Funktion des Orchestrierens und erklärt den Teilnehmenden gleichzeitig die jeweilige Ausgangssituation sowie die einzelnen Verbesserungsschritte. Der Dirigent kann aber auch eine andere, in der jeweiligen Situation passendere, Vorgehensweise wählen. In Bezug auf die im Framing vermittelte Theorie zeigt der Dirigent, dass beim Orchestrieren Elemente des Systems untereinander und das System mit der sich ändernden Umwelt, Umgebung bzw. Situation immer wieder in Einklang/in Harmonie gebracht werden müssen. Indem der Dirigent z. B. die neuen Instrumente (= neue Systemelemente) sukzessive einführt, erhöht er bei den Teilnehmenden das Verständnis für das Funktionieren des Orchestrierens als Leadershipverpflichtung. Am Ende entsteht eine – für diese Orchesterkonstellation – nahezu perfekte Performance. Der Dirigent (evtl. mit Hilfe des Referenten) fasst schließlich die vorgenommenen Teilschritte bzw. Ergebnisse zusammen. Die Teilnehmenden erkennen neben der Demonstration der Funktionsweise von Orchestrieren als Leadershipverpflichtung, dass die durch sie zuvor für gut befundene Performance des Orchesters von einem professionellen Dirigenten noch deutlich verbessert werden konnte. Der Dirigent zeigt somit, wie eine Führungskraft agieren soll und wie die Ausprägung bestimmter Führungsqualitäten zu Unterschieden und sogar zu Verbesserungen der Gesamtperformance führen kann.

Rubrik	Angaben
Seminarspezifische Merkmale:	Der Dirigent kann auch auf die Besonderheiten der Umgebung eingehen. Neben den Orchestermitgliedern oder auch einzelnen Instrumentengruppen betrifft das weitere Aspekte wie die Raumakustik, die Sitzordnung der Musiker oder das Berücksichtigen des potenziellen Auditoriums. Das Seminar kann auch mit mehreren Dirigenten durchgeführt werden, um zusätzlich unterschiedliche Führungsstile zu akzentuieren. Als Alternative zu einem Liveauftritt eines Orchesters können ebenso Internetvideos bzw. gefilmte Orchesterperformances als Medium herangezogen warden.
Reflexion:	s. Präambel
STimulation:	s. Präambel

[a]In dem in dieser Arbeit formulierten Sinn
[b]Die Teilnehmenden werden die Performance des Orchesters höchstwahrscheinlich für gut bewerten, denn es handelt sich bei den Orchestermitgliedern um professionell ausgebildete Musiker

11.2.2 Seminar 2

Titel: Erhöhen des Verständnisses des Ganzen durch Teilnahme am Rudern

Rubrik	Angaben
Seminarspezifische Qualifikationsziele:	Die Teilnehmenden können • das Erhöhen des Verständnisses des Ganzen als Leadershipverpflichtung besser verstehen und in diesem Zusammenhang anschaulicher nachvollziehen, dass ein besseres Verständnis des Ganzen durch Wahrnehmung initiiert wird und warum es so ist. • ihre eigene Wahrnehmung schulen und ein besseres Verständnis für die fremde Wahrnehmung aufbauen.
Inhaltsbeschreibung (Kurzzusammenfassung):	Im Rahmen dieses Seminars wird Leadership und die Verpflichtung zum Erhöhen des Verständnisses des Ganzen durch Teilnahme am Rudern thematisiert. Die Teilnehmenden werden sich vertieft mit der spezifischen Leadershipverpflichtung auseinandersetzen und durch aufeinander aufbauende Reflexion intensiv über mögliche Verbindungen zwischen der behandelten Leadershipverpflichtung und dem Rudern reflektieren. Durch das Rudern wird das spezifische Leadershipphänomen demonstriert und die Teilnehmenden bauen in der Folge ein besseres Verständnis für die Funktion dieser Leadershipverpflichtung auf.

Rubrik	Angaben
Framing:	Der Referent – der gleichzeitig auch der Rudertrainer sein kann – führt die Teilnehmenden in die relevante Theorie ein und behandelt schwerpunktmäßig die Leadershipverpflichtung des Erhöhens des Verständnisses des Ganzen. Die Teilnehmenden sollen daraufhin erste Überlegungen zu möglichen Verbindungen zwischen der spezifischen – dem Seminar zugrunde liegenden – Leadershipverpflichtung und der Teilnahme am Rudern anstellen.
Intervention:	Die Teilnehmenden begeben sich für diesen Seminarabschnitt nach draußen, z. B. in die *Bonner Rheinaue* und treffen dort auf den Rudertrainer. Der Rudertrainer weist die Teilnehmenden zuerst in das Wichtigste rund um das Rudern ein. Hierbei geht es neben einer Sicherheitsunterweisung hauptsächlich um die theoretische Vermittlung des Ruderns, z. B. um die jeweilige Rudertechnik, Skullen oder Riemenrudern, das Halten der Skulls bzw. des Riemens, das Rollen auf dem Rollsitz und Kommandos für das Verhalten auf dem Wasser. Weiterhin behandelt der Rudertrainer auch augenscheinlich triviale Themen, die für das Gros der Gruppe auf den ersten Blick nicht wichtig erscheinen. Dies betrifft z. B. Themen, wie das Ein- und Aussteigen sowie das Tragen der Ruderboote. Im Anschluss an die Einweisung händigt der Rudertrainer den Teilnehmenden die Gerätschaften aus. Die Teilnehmenden tragen die Gerätschaften gemeinsam zum anliegenden Rheinauensee und lassen die Ruderboote zu Wasser. Die Teilnehmenden erhalten die Aufgabe, zunächst auf dem Rheinauensee in Gruppen zu rudern. Die Teilnehmenden steigen in das Ruderboot bzw. in die Ruderboote ein und beginnen zu rudern. Der Rudertrainer unterstützt die Gruppe(n) auf einem Begleitboot. Durch Akzentuierungen verschiedener Aspekte zeigt der Rudertrainer (ggf. mit Hilfe des Referenten) den Teilnehmenden auf, woran ein Erhöhen des Verständnisses des Ganzen aus Leadershipsicht demonstriert werden kann. Z. B. weist der Rudertrainer in diesem Zusammenhang daraufhin, dass die Teilnehmenden trotz einer vorherigen Einweisung zum Rudern unterschiedlich an die Aufgabe herangehen bzw. diese durchführen. Beispielsweise rudert die eine Person zum ersten Mal, wohingegen die andere Person Rudern schon kennt und daher relativ gut beherrscht. Herausforderungen der Teilnehmenden könnten sein, die gewählte Rudertechnik korrekt anzuwenden und/oder im Takt mit den Gruppenmitgliedern zu rudern. Der Rudertrainer demonstriert den Teilnehmenden auf diese Weise, dass die einzelnen Personen unterschiedliche Voraussetzungen, Vorkenntnisse und methodische Kompetenzen mitbringen, die bei der erfolgreichen Bewältigung des Ruderns zu berücksichtigen sind. Diese Hinweise sollen die Teilnehmenden insgesamt für ein besseres Verständnis des Gegenübers sensibilisieren. In einem weiterführenden Schritt sollen die Teilnehmenden auf dem Rhein rudern. Dabei übernimmt der Rudertrainer – aus Sicherheitsgründen – die Rolle des Steuermanns.

Rubrik	Angaben
	An dieser Stelle akzentuiert der Rudertrainer, dass sich bestimmte Voraussetzungen geändert haben. Z. B. weist der Rudertrainer die Teilnehmenden darauf hin, dass bei Fahrten auf strömenden Gewässern besondere Regeln zu beachten sind, damit das Ruderboot unter der Kontrolle der Gruppe bleibt und Unfälle somit vermieden werden können. In diesem Zusammenhang gibt es auch bestimmte Regeln und Techniken, die beim Rudern in der Strömung zu beachten sind (z. B. Aspekte wie Treiben, Wenden, Anlegen, der Umgang mit Wellen oder, dass Engstellen bzw. Hindernisse im Fluss die Strömungsrichtung verändern können). Hierbei kann der Rudertrainer (ggf. mit Hilfe des Referenten) akzentuieren, dass das Rudern auf einem Fluss mit mehr Besonderheiten als das Rudern auf einem kleinen See (wie dem Rheinauensee) verbunden ist und die Teilnehmenden daher vor weitere Herausforderungen gestellt sind. Der Rudertrainer kann z. B. den Aspekt der Vorkenntnisse der einzelnen Teilnehmenden vertiefen und von den Ursprüngen der einzelnen Personen sprechen. Z. B. war der eine noch nie auf einem See oder auf einem Fluss, hat aber womöglich Leuten bereits beim Rudern, vom Ufer aus oder im Fernsehen, zugeschaut. Der nächste kennt die Tätigkeit des Ruderns, verbindet damit aber keinen Sport, sondern die Ausübung eines Berufs. Andere wiederum kennen Rudern aus dem Schul-, Sport- oder Freizeitbereich. Durch solche Akzentuierungen bauen die Teilnehmenden weiter ein besseres Verständnis für das Ganze auf und sensibilisieren sich dafür wie auch für das Verständnis der beteiligten Personen, mit dem Ziel, das Rudern auf den verschiedenen Gewässern in der Gruppe durchzuführen. Auf dieser Basis verständigen sich die Teilnehmenden auch untereinander bei der Bewältigung der Aufgabe. Durch Aufbau eines besseren Verständnisses des Ganzen – exemplarisch durch die Teilnahme am Rudern – wird die Gruppe zusammengeführt. Die Teilnehmenden können dadurch Rückschlüsse auf ihre betriebliche Praxis, z. B. auf die Arbeit im Team ziehen und/oder ein besseres Verständnis für gesellschaftliche Themen aufbauen. Weiterhin können die Teilnehmenden am Rudern einen besonderen Gefallen finden, der zuvor nicht zu erwarten war. Z. B. mag der eine Teilnehmende eigentlich gar keinen (Wasser) – Sport, entwickelt aber beim Rudern eine derartige Freude, dass er beschließt, es als Hobby weiterzuführen. Dadurch, dass diese Person sich selbst und ihre eigene Wahrnehmung besser kennenlernt bzw. versteht, erhöht sie ihr Verständnis des Ganzen und lernt auch, sich für ihre Umgebung besser zu sensibilisieren. Für die betriebliche Praxis ist das z. B. für den Marketing-Bereich relevant, wenn man sich bei der Erarbeitung von neuen Marketing-Konzepten in die angestrebte Zielgruppe hineinversetzen soll.

Rubrik	Angaben
Seminarspezifische Merkmale:	Diese Seminarform bietet eine gute Möglichkeit, auch gesellschaftliche Gruppen zusammenzuführen, die sonst sehr wenig miteinander in Berührung kommen, wie z. B. die wirtschaftliche Elite (z. B. Führungskräfte) und sozial schlechter situierte Personengruppen (z. B. Arbeitslose, Geflüchtete, Menschen mit einem Migrationshintergrund, Menschen mit Behinderung, etc.). Durch ein Zusammenführen beider Gruppen wird die gesellschaftliche Mitte gestärkt. Auf diese Weise erhält die Gruppe der Führungskräfte die Möglichkeit, Menschen aus ihnen bisher unbekannten kulturellen bzw. gesellschaftlichen Kreisen zu treffen und sich für die fremde Wahrnehmung zu sensibilisieren. Dadurch erhöhen die Führungskräfte ihr Verständnis des Ganzen. Möglicherweise entwickeln Teilnehmende aus der wirtschaftlichen Elite eine verstärkte Bereitschaft, soziale und/oder gesellschaftliche Verantwortung zu übernehmen, sich sozial zu engagieren und z. B. bei einem karitativen Projekt aktiv mitzuwirken oder dauerhaft Arbeitslosen oder Geflüchteten die Chance zu geben, beispielsweise durch ein Praktikum einen (Wieder-) Einstieg ins Erwerbsleben zu finden. Für die schlechter Situierten ergibt sich durch ein besseres Verständnis der eigenen Umgebung sowie durch Kommunikation auf Augenhöhe mit einer besser situierten Gesellschaftsgruppe die Möglichkeit, sich leichter und besser zu integrieren (sowohl arbeits- als auch gesellschaftsbezogen) und zu sozialisieren. Dabei werden die schlechter situierten Personen über die Grenzen ihrer eigentlichen Umgebung hinaus gefördert. Es könnten Kontakte geknüpft und Möglichkeiten geschaffen werden, einen Einblick in die Arbeitswelt des Gegenübers zu bekommen (z. B. durch Hospitationen, Mentoring oder Praktika) (Steckelberg 2016).
Reflexion:	s. Präambel
STimulation:	s. Präambel

11.2.3 Seminar 3

Titel: Seminar zu Leadership und Management unter Betrachtung eines virtuellen Chores[9]

---

[9]Bei einem virtuellen Chor nehmen die (potentiellen) Chorsänger ihre Gesangssequenzen entweder auf Video auf oder werden über beispielsweise Videotelefonie in Echtzeit zu einer Chorperformance dazu geschaltet. In diesem Rahmen werden die einzelnen Gesangssequenzen zu einer Gesamtperformance zusammengeführt.

Rubrik	Angaben
Seminarspezifische Qualifikationsziele:	Die Teilnehmenden können verstehen, dass beide Führungsrollen – Leadership und Management – auch durch eine Person eingenommen werden können. erkennen, dass beide Führungsrollen ihre jeweils spezifischen Verpflichtungen haben. nachvollziehen, dass Leadership – initiiert durch Wahrnehmung und gerichtet auf die Erfüllung der einzelnen Verpflichtungen – führend darauf hinarbeitet, dass das System in Einklang ist.
Inhaltsbeschreibung (Kurzzusammenfassung):	Im Rahmen dieses Seminars wird das Ausüben der beiden Führungsrollen Leadership und Management – ausgehend von einer Person – unter Betrachtung von Videos eines virtuellen Chores thematisiert. Die Teilnehmenden setzen sich vertieft mit der Führungsthematik auseinander und denken intensiv über mögliche Verbindungen zwischen der behandelten Thematik und der Betrachtung von Videoausschnitten eines virtuellen Chores nach. Anhand der gezeigten Chorperformance wird die Funktion von Leadership und Management demonstriert und die Teilnehmenden sensibilisieren sich in der Folge dafür.
Framing:	Der Referent – der gleichzeitig auch ein ausgebildeter Dirigent sein kann – führt die Teilnehmenden in die relevante Theorie ein und behandelt schwerpunktmäßig die einzelnen Verpflichtungen beider Führungsrollen (von Leadership und von Management). Ergänzend kann der Referent in diesem Zusammenhang auch das Thema Führung auf allen drei Ebenen der Organisationskultur nach Schein (2004) thematisieren. Die Teilnehmenden sollen daraufhin erste Überlegungen zu möglichen Verbindungen zwischen dem gesetzten Themenschwerpunkt und der Betrachtung einer Chorperformance anstellen sowie überlegen, inwiefern die beiden Führungsrollen durch eine Person oder mehrere Personen realisiert werden können.
Intervention:	Die Teilnehmenden wechseln für diesen Seminarabschnitt in einen für die Präsentation der Videos geeigneten Raum. Gute Akustik wird vorausgesetzt. Der Referent wählt die für die Intervention geeigneten Videoausschnitte eines virtuellen Chores[a] im Vorfeld aus und spielt diese den Teilnehmenden vor. Anhand der Betrachtung einer virtuellen Chorperformance bzw. der einzelnen Sequenzen, macht der Referent deutlich, dass beide Führungsrollen – Leadership & Management – durchaus auch in einer Person vereint sein können. Bezogen auf Management zeigt der Referent, dass der Dirigent des entsprechenden virtuellen Chores bei der Zusammensetzung der Gesamtperformance eine Vorauswahl von Sängern durchführt. Dadurch bringt Letzterer die Systemvarietät unter Kontrolle. Gleichzeitig kann auch Alignment als Managementinstrument demonstriert werden. Dies macht der Referent daran klar, dass der Dirigent des virtuellen Chores den potenziellen Sängern eine Grundmelodie vorgibt, auf deren Basis nur diejenigen Sänger in die Videoschaltung mit aufgenommen werden, die zu der Gesamtstrategie im Sinne der gesetzten Vorgaben passen.

Rubrik	Angaben
	Bezogen auf die Leadership-Rolle zeigt der Referent, dass der Dirigent bereits im Vorfeld ein erhöhtes Verständnis des Ganzen bzw. für die Wahrnehmungen der Sänger aufbaut. Dies akzentuiert der Referent daran, dass der Dirigent sich in der Planung z. B. für die Gefühlsebene und Interpretationen der (potentiellen) Sänger sensibilisiert, da im Vorfeld nicht klar ist, wer sich als Sänger für die Chorperformance bewirbt und wie ausgeprägt die jeweilige Performance ist[b]. Es kann aber sein, dass der Dirigent den Aspekt der Gefühlsebene der Sänger zunächst nicht berücksichtigt, weil er nicht damit rechnet, dass die Sänger auf Basis der vorgegebenen Grundmelodie auch eigene Interpretationen mit einfließen lassen. Genau daran kann der Dirigent aber Gefallen finden, sodass er diese Varietät in seinem System schlussendlich zulässt. Dadurch, dass diese Person sich selbst und ihre Wahrnehmung besser kennenlernt bzw. versteht, erhöht sie ihr Verständnis des Ganzen und lernt auch, sich für ihre Umgebung besser zu sensibilisieren. Weiterhin zeigt der Referent, dass auf diese Weise – durch Erhöhen des Verständnisses des Ganzen im Vorfeld der Chorperformance – auch individuelle Varietät und Kreativität (in Form der Interpretationen der Sänger) zugelassen bzw. berücksichtigt werden können, weil diese erstens im Vorfeld antizipiert bzw. bemerkt wurden und zweitens im Rahmen der Performance kanalisiert werden. Der Referent zeigt außerdem, dass der Dirigent auch die organisationale Bestimmung hinsichtlich der Gesamtperformance festlegt. Dies verdeutlicht der Referent daran, dass es ein mögliches Ziel des Dirigenten ist, Menschen aus verschiedenen Orten weltweit zusammenzuführen. Dabei möchte der Dirigent Menschen zusammenbringen, die sich vor allem in diesem einen Aspekt ähnlich sind: Sie alle wollen singen und sich dadurch zum Ausdruck bringen. Am Beispiel verschiedener Chorperformances eines Dirigenten zeigt der Referent weiterhin verschiedene Entwicklungen eines virtuellen Chores auf. Dadurch kann das Erhöhen der eigenen (individuellen) Varietät des Dirigenten demonstriert werden. Z. B. lernt der Dirigent mit der Zeit bzgl. der technischen Umsetzung bzw. Datenverarbeitung dazu und erweitert somit dahin gehend seine Kompetenzen. Dadurch kann er im Verlauf mehr Sänger bei der Zusammenstellung des virtuellen Chores berücksichtigen. Diesen Zuwachs an technischer Entwicklung kann der Referent auch mit der verbesserten Videoqualität bzw. mit den Effekten, die eingespielt werden, erklären. Ein weiterer Entwicklungspunkt wäre, dass der Dirigent von zuvor fertig aufbereiteten Videos den Schritt in die Videoliveschaltung macht.

Rubrik	Angaben
	Ebenso kann gezeigt werden, dass der Dirigent auch die Varietät von Chorteilnehmenden erhöht (Erhöhen der individuellen Varietät). Z. B. entdeckt der Dirigent bei der Selektion für die Gesamtperformance – im Sinne des Talentmanagements – Potenzialträger, die er im Verlauf zusätzlich zu fördern bereit ist. Dies macht der Referent daran fest, dass diese Chorsänger beispielsweise Soli-Parts zugewiesen bekommen oder zusätzlich gecoacht werden und somit weitere Entwicklungsmöglichkeiten erhalten. Schlussendlich hebt der Referent an den Videosequenzen noch die Funktion des Orchestrierens hervor. Dabei erklärt der Referent den Teilnehmenden, wie bei der Zusammenstellung der verschiedenen Stimmbeteiligungen gearbeitet wurde. Damit die verschiedenen Stimmsequenzen der am Schluss ausgewählten Sänger untereinander in Einklang gebracht werden können, geht der Dirigent des virtuellen Chores schrittweise vor. Z. B. bringt er zuallererst einzelne Stimmgruppen untereinander in Einklang, um diese im Anschluss sukzessive zusammenzuführen und somit für eine Verbesserung der Gesamtperformance zu sorgen. Denkbar ist auch, dass der Referent Zugriff auf das Datenmaterial der einzelnen Gesangsbeteiligungen hat und selbst für eine Verbesserung der Gesamtperformance sorgt. Dadurch zeigt der Referent, dass eine Performance noch weiter verbessert werden kann, sodass sie nahezu perfekt klingt. Hierbei beschreibt der Referent den Teilnehmenden detailliert die Ausgangssituation und seine Arbeitsschritte zur Verbesserung der Performance. Analog zu Seminar 1 zum Orchestrieren kann dadurch gezeigt werden, wie eine Führungskraft agieren soll und wie die Ausprägung bestimmter Führungsqualitäten zu Unterschieden bzw. Verbesserungen der Gesamtperformance führen kann.
Seminarspezifische Merkmale:	Möglich ist ebenfalls, dass der Referent mit dem eigenen Chor auftritt. Dabei kann er auch zusätzlich einen virtuellen Chor mit einbeziehen. Z. B. kann der Referent neben der Performance des Chores auf der Bühne einen virtuellen Chor auf einer Leinwand dazu schalten. Hierbei kann es sich entweder um eine fertig aufbereitete virtuelle Chorperformance handeln, die als Video abgespielt wird, oder ein virtueller Chor performt per Videotelefonie in Echtzeit neben dem Chor auf der Bühne.
Reflexion:	s. Präambel
STimulation:	s. Präambel

[a]Z. B. die (virtuellen) Chorperformances unter Regie von *Eric Whitacre* (Whitacre 2017)
[b]Damit sind Ausprägungen hinsichtlich des gewählten Stimmparts, der Qualität der Performance und der Interpretationen der Sänger gemeint

11.2.4 Seminar 4

Titel: Leadership – Seminar zum Festlegen der organisationalen Bestimmung unter Verwendung der Art-Dialogue-Methode (Kupp et al. 2012)

Rubrik	Angaben
Seminarspezifische Qualifikationsziele:	Die Teilnehmenden können • verstehen, dass Leadership die Verpflichtung hat, die organisationale Bestimmung festzulegen und wie diese Verpflichtung erfüllt wird. • erkennen, dass Leadership hierbei den Auftrag hat, die Wahrnehmungen und die Erwartungen in der Organisation und ihrer Umgebung besser verstehen zu können, damit die Bestimmung zu der Organisation und der Situation passt. • nachvollziehen, dass Leadership – initiiert durch Wahrnehmung und gerichtet auf die Erfüllung der einzelnen Verpflichtungen – somit führend darauf hinarbeitet, dass das System in Einklang ist.
Inhaltsbeschreibung (Kurzzusammenfassung):	Im Rahmen dieses Seminars wird das Festlegen der organisationalen Bestimmung als Leadershipverpflichtung unter Verwendung der Art-Dialogue-Methode thematisiert. Die Teilnehmenden setzen sich vertieft mit dieser spezifischen Verpflichtung auseinander und denken intensiv über mögliche Verbindungen zwischen der behandelten Leadershipverpflichtung und dem gemeinsamen Gespräch über Kunst nach. Anhand der verwendeten Methode wird die Funktion dieser Leadershipverpflichtung aufgezeigt und die Teilnehmenden sensibilisieren sich in der Folge dafür.
Framing:	Der Referent – der gleichzeitig auch ein ausgebildeter Künstler sein kann und die Art-Dialogue-Methode gut beherrscht – führt die Teilnehmenden in die relevante Theorie ein und behandelt dabei schwerpunktmäßig die Leadershipverpflichtung des Festlegens der organisationalen Bestimmung und ergänzend die des Erhöhens des Verständnisses des Ganzen. Als zusätzliche Illustration kann der Referent auch das Thema Führung auf allen drei Ebenen der Organisationskultur nach Schein (2004) aufgreifen (vgl. Abschn. 4.11.). Die Teilnehmenden sollen daraufhin erste Überlegungen zu möglichen Verbindungen zwischen dem gesetzten Themenschwerpunkt und dem gemeinsamen Gespräch über Kunst anstellen.

Rubrik	Angaben
Intervention:	Die Teilnehmenden wechseln für diesen Seminarabschnitt in einen für die Betrachtung von Kunstobjekten geeigneten Raum, z. B. in eine Kunstgallerie. Der Referent wählt die für die Intervention passenden Kunstobjekte, z. B. ein Gemälde, im Vorfeld aus oder überlässt die Wahl den Teilnehmenden. Im Hinblick auf die bevorstehende Intervention zielt der Referent auf die Einhaltung und den Erfolg der drei aufeinanderfolgenden (Dialog-) Phasen der Art-Dialogue-Methode ab: 1) Sammeln von Fakten über das Objekt, 2) Erfassen dessen emotionaler Aspekte und 3) Aufbauen eines gemeinsamen Verständnisses für das zu betrachtende Objekt. Der Referent beginnt diesen Seminarabschnitt mit einer kurzen Faktenvorstellung über das ausgewählte Objekt (Künstlername, Entstehungsjahr und Titel) und geht anschließend in die erste Gesprächs- bzw. Dialogphase über. In dieser Phase sollen die Teilnehmenden möglichst viele Fakten über das Gemälde sammeln, Wertungen oder emotionale Aspekte zu dem Werk aber (noch) außen vor lassen. Die Teilnehmenden beschreiben das, was sie beispielsweise hinsichtlich Farben, Formen, Figuren und Gestaltungs- bzw. Planungsaspekten des Künstlers beobachten können. Der Referent reagiert frühzeitig, falls diese Gesprächsphase ins Stocken gerät, interveniert und unterstützt daher diese Gesprächs- und Beobachtungsphase der Teilnehmenden mit gezielten Fragen und erhält somit auch den Gesprächsfluss aufrecht. Der Referent hat außerdem den Auftrag, das gemeinsame Gespräch so zu gestalten, dass die Beobachtungsphase bewusst lang genug ist, damit die Teilnehmenden verstärkt darüber nachdenken, welche weiteren Aspekte durch eine noch intensivere Betrachtung des Gemäldes gefunden werden können. Der Referent trägt schließlich die Ergebnisse zusammen. Kann diese Phase für erfolgreich beendet erklärt werden, schlägt der Referent die Brücke zur zweiten Dialogphase. In dieser Phase geht es darum, die emotionale Seite bzw. emotionale Aspekte des Gemäldes aufzugreifen und zu sammeln. Z. B. kann der Referent die Reflexion bzw. Beobachtung der Teilnehmenden durch folgende Fragen unterstützen: Welche Emotionen ruft das Gemälde in Ihnen hervor?

Rubrik	Angaben
	Was fühlen Sie bei der Betrachtung des Gemäldes? Durch das gemeinsame geleitete Gespräch sollen die Teilnehmenden in dieser Phase eine persönliche und emotionale Beziehung zu dem Gemälde aufbauen. Deshalb ist es von Bedeutung, dass der Referent ausreichend Zeit berücksichtigt, die dem Beziehungsaufbau zum vorstehenden Objekt und somit dem Erfolg dieser Phase gerecht wird. Der Referent trägt die persönlichen Eindrücke der einzelnen Teilnehmenden zusammen. Die Ergebnisse beider Phasen (1 & 2) dienen hierbei als Basis, um in die dritte Dialogphase überleiten zu können. In Phase 3 hat der Referent schließlich den Auftrag, ein gemeinsames Verständnis über das zu betrachtende Gemälde aufzubauen, das die gesamte Gruppe teilt bzw. teilen kann. Die Wahrnehmungen (Ergebnisse der Phasen 1 & 2) der Teilnehmenden sind hierbei die Grundlage, um hieraus ein gemeinsames Verständnis aller Beteiligten zu entwickeln bzw. die unterschiedlichen Wahrnehmungen bzw. Vorstellungen in Einklang zu bringen. Hierfür ist es erforderlich, dass der Referent genug Raum schafft, sodass möglichst viele Wahrnehmungen integriert werden können. Dies impliziert nicht, dass alle Teilnehmenden zwangsläufig der gleichen Meinung sein müssen bzw. sollen. Der Referent hat aber die Aufgabe – unterstützend durch gezielte Dialogführung – möglichst viele Wahrnehmungen in diesem Zusammenhang passend zu verarbeiten, um das bestmögliche gemeinsame Verständnis der Gesamtgruppe über das Gemälde zu entwickeln bzw. aufzubauen. An der Arbeit mit der Art-Dialogue-Methode bzw. an den Ergebnissen, die durch diese Methode erarbeitet wurden, verdeutlicht der Referent die Leadershipverpflichtung des Festlegens der organisationalen Bestimmung. Dies zeigt der Referent an dem gemeinsamen Verständnis für das Gemälde, das der Referent durch Erfassen und Berücksichtigen der Wahrnehmungen der Teilnehmenden im Verlauf der einzelnen Dialogphasen sukzessiv aufgebaut hat. Die Teilnehmenden sensibilisieren sich in der Folge dafür, dass Leadership z. B. hinsichtlich des organisationalen Kontexts den Auftrag hat, durch Erhöhen des Verständnisses des Ganzen die Wahrnehmungen in der Organisation (z. B. der Mitarbeiter) aber auch in ihrer Umgebung besser zu verstehen und zu berücksichtigen. Dadurch ist die Aufgabe noch komplexer als die beispielhaft durchgeführte Übung mit dem Gemälde. Daraufhin kann aber die organisationale Bestimmung ausgearbeitet werden, die sowohl mit der Organisation als auch mit der Umgebung und der Situation im Einklang ist. Der Referent demonstriert dadurch auch, dass es ein Ziel von Leadership ist, das System in Balance bzw. in Einklang zu bringen.
Seminarspezifische Merkmale:	Keine
Reflexion:	s. Präambel
STimulation:	s. Präambel

11.2.5 Seminar 5

Titel: Seminar zum Orchestrieren (des Systems) durch Teilnahme an einer Kochperformance

Rubrik	Angaben
Seminarspezifische Qualifikationsziele:	Die Teilnehmenden können • Orchestrieren als Leadershipverpflichtung verstehen und in diesem Zusammenhang nachvollziehen, wie das Orchestrieren als eine dauerhaft-initiative Leadershipverpflichtung funktioniert. • ihr Verständnis für das Funktionieren des Phänomens Orchestrieren erhöhen.
Inhaltsbeschreibung (Kurzzusammenfassung):	Im Rahmen dieses Seminars wird Leadership und die Verpflichtung zum Orchestrieren durch Teilnahme an einer Kochperformance thematisiert. Die Teilnehmenden werden sich vertieft mit dieser spezifischen Leadershipverpflichtung auseinandersetzen, indem sie neben der theoretischen Behandlung über mögliche Verbindungen zwischen Orchestrieren[a] und dem Kochen eines Gerichts reflektieren. Die Funktion des Orchestrierens lässt sich an verschiedenen Aspekten der Zubereitung eines Gerichts festmachen.
Framing:	Der Referent – der gleichzeitig auch ein professioneller Koch sein kann – führt die Teilnehmenden in die Theorie ein und thematisiert schwerpunktmäßig die Leadershipverpflichtung des Orchestrierens. Auf Basis der theoretischen Vermittlung bekommen die Teilnehmenden die Aufgabe, erste Überlegungen zu möglichen Verbindungen zwischen dem Orchestrieren als Leadershipverpflichtung und dem Kochen eines Gerichts anzustellen. Vom Referenten gestellte Beobachtungsaufgaben im Hinblick auf die Intervention helfen bei der Untersuchung/Reflexion möglicher Verbindungen. Eine solche Beobachtungsaufgabe könnte z. B. folgendermaßen lauten: Welche strategischen Aspekte bzw. Verfeinerungen führen dazu, dass am Ende ein nahezu perfektes Gericht entsteht?
Intervention:	Die Teilnehmenden wechseln für diesen Seminarabschnitt in eine Küche und treffen dort auf einen Koch (falls er und der Referent nicht die gleiche Person sind). Im Rahmen der Intervention haben die Teilnehmenden zunächst die Aufgabe, anhand der bereitgestellten Zutaten ein ihnen bekanntes Gericht zu kochen. In diesem Zusammenhang wählt der Koch das für die Intervention nachzukochende Rezept und die dafür passenden Zutaten aus. Alternativ wird das Gericht von der Gruppe ausgewählt und die Zutaten werden frisch eingekauft (variable Menge, s. weiter unten). Bevor die Teilnehmenden beginnen, werden sie vom Koch in die Gegebenheiten vor Ort eingeführt. Die Teilnehmenden kochen dann das ausgewählte Gericht in der Gruppe, ggf. gibt der Koch allgemeine Ratschläge zum Kochen bzw. auch Ratschläge zu Besonderheiten in der Zubereitung bestimmter Zutaten (z. B. das Fleisch vor dem Anbraten auf Raumtemperatur bringen und nach dem Anbraten kurz ruhen lassen), sodass das Gericht am Ende auch gelingen kann.

Rubrik	Angaben
	Allerdings führt der Koch den Kochprozess nicht an und beteiligt sich daran nur so weit als absolut notwendig. Im Anschluss daran wird das Gericht probiert und in einem gemeinsamen Gespräch über die Zubereitung und deren Arbeitsschritte reflektiert. Der Referent fragt die Teilnehmenden in diesem Zusammenhang auch, wie sie ihre Kochleistung bzw. deren Resultat (Geschmack des Gerichts) beurteilen[b]. Für den zweiten Schritt der Intervention fordert der Koch die Teilnehmenden auf, ihre Aufmerksamkeit für die Folgephase aufrecht zu erhalten bzw. weiter zu erhöhen. In dieser Phase ist es der Koch, der das vorgegebene Gericht federführend zubereitet. Dabei obliegt es dem Koch die Art und Weise (bzw. auch die Reihenfolge) festzulegen, wie die Teilnehmenden aktiv in das Kochen eingebunden werden. Der Koch und die Teilnehmenden arbeiten sich peu à peu an das Gericht heran. Währenddessen beschreibt der Koch die Ausgangssituation und die Arbeitsschritte, die zu einem wirklich guten Kochergebnis führen. Z. B. arbeitet er zunächst mit kleinen Portionen, um beim Zubereiten verschiedene Varianten herzustellen bzw. das Verhältnis der einzelnen Zutaten zueinander auszutesten und auf dieser Basis Teilzutaten passend zusammenzuführen. Nachdem der Koch einen Teilschritt (z. B. die Basissoße des Gerichts) fertig vorbereitet hat, macht er weitere Teilschritte und arbeitet auch dabei (z. B. auch durch Würzen oder Reduzieren der Soße) hin zu einem hervorragenden Ergebnis. Durch diese sukzessive Vorgehensweise demonstriert der Koch (evtl. mit Hilfe des Referenten) die Funktion des Orchestrierens und erklärt den Teilnehmenden gleichzeitig die jeweilige Ausgangssituation sowie die einzelnen Schritte. Der Koch kann aber auch eine andere, in der jeweiligen Situation passendere, Vorgehensweise wählen. In Bezug auf die im Framing vermittelte Theorie zeigt der Koch, dass beim Orchestrieren Elemente des Systems (im Fall einer Organisation die Mitarbeiter, Prozesse und Tools untereinander und mit der sich ändernden Umwelt, Umgebung bzw. Situation) immer wieder in Einklang/in Harmonie gebracht werden müssen. Indem der Koch z. B. die zu verwendenden Zutaten, d. h. neue Systemelemente, sukzessive einführt, erhöht er bei den Teilnehmenden das Verständnis für das Funktionieren des Orchestrierens als Leadershipverpflichtung. Am Ende kreiert bzw. bereitet der Koch ein nahezu perfektes Gericht zu. Er (evtl. mit Hilfe des Referenten) fasst schließlich die Ergebnisse bzw. gemachten Schritte zusammen. Die Teilnehmenden erkennen neben der Demonstration der Funktionsweise von Orchestrieren als Leadershipflichtung, dass das von ihnen zuvor erbrachte Kochergebnis mithilfe eines professionellen Kochs noch deutlich verbessert werden kann. Somit wird – analog zu Seminar 1 – verdeutlicht, wie eine Führungskraft agieren soll und wie die Ausprägung bestimmter Führungsqualitäten zu Unterschieden bzw. Verbesserungen der Gesamtperformance führen kann. Durch aktives Einbinden der Teilnehmenden in die zweite Phase der Intervention (die Kochperformance federführend durch den Koch), kann dieser Effekt verstärkt werden. Auch dadurch, dass die Teilnehmenden zwischendurch probieren dürfen, kann der Effekt gesteigert werden. Die Teilnehmenden schmecken z. B. an verschiedenen Zeitpunkten des Zubereitens ab, beispielsweise bevor und nachdem der Koch ein Zwischenergebnis nachjustiert hat.

Rubrik	Angaben
Seminarspezifi-sche Merkmale:	Dieses Seminar kann mit einer ästhetischen Möglichkeit aus der Trinkkultur kombiniert bzw. um diese erweitert und vertieft werden. In diesem Kontext kann ein Weinsommelier hinzugezogen werden, der in Zusammenarbeit mit dem Koch die für das Gericht passenden Weine auswählt. Ebenso ist vorstellbar, dass neben dem Kochevent zusätzlich eine Weindegustation stattfindet, bei der auch die Teilnehmenden aktiv eingebunden werden und das Harmonieren der Weine thematisiert wird.
Reflexion:	s. Präambel
STimulation:	s. Präambel

[a]In dem in dieser Arbeit formulierten Sinn
[b]Wie bereits beschrieben, arbeitet der Koch durch seine Unterstützung darauf hin, dass das Gericht auch gelingt. Daher wird es den Teilnehmenden (höchstwahrscheinlich) auch schmecken bzw. werden sie es für gut befinden

11.2.6 Seminar 6

Titel: Erhöhen des Verständnisses des Ganzen durch Betrachtung surrealistischer Gemälde

Rubrik	Angaben
Seminarspezi-fische Qualifikations-ziele:	Die Teilnehmenden können • das Erhöhen des Verständnisses des Ganzen als Leadershipverpflichtung besser verstehen und in diesem Zusammenhang anschaulicher nachvollziehen, dass ein besseres Verständnis des Ganzen durch Wahrnehmung initiiert wird und warum es so ist. • ihre eigene Wahrnehmung sensibilisieren und ein besseres Verständnis für die fremde Wahrnehmung aufbauen.
Inhaltsbe-schreibung (Kurzzusam-menfassung):	Im Rahmen dieses Seminars wird Leadership und die Verpflichtung zum Erhöhen des Verständnisses des Ganzen durch Betrachtung von surrealistischen Gemälden thematisiert. Die Teilnehmenden setzen sich vertieft mit der spezifischen Leadershipverpflichtung auseinander und denken durch aufeinander aufbauende Reflexion intensiv über mögliche Verbindungen zwischen der behandelten Leadershipverpflichtung und der Betrachtung surrealistischer Gemälde nach. Mithilfe der Gemälde wird das spezifische Leadershipphänomen demonstriert und die Teilnehmenden bauen in der Folge ein besseres Verständnis für die Funktion dieser Leadershipverpflichtung auf.

Rubrik	Angaben
Framing:	Der Referent – der gleichzeitig auch ein ausgebildeter Künstler sein kann – führt die Teilnehmenden in die relevante Theorie ein und behandelt schwerpunktmäßig die Leadershipverpflichtung des Erhöhens des Verständnisses des Ganzen. Die Teilnehmenden sollen daraufhin erste Überlegungen zu möglichen Verbindungen zwischen der spezifischen – dem Seminar zugrunde liegenden – Leadershipverpflichtung und der Betrachtung von surrealistischen Gemälden anstellen.
Intervention:	Die Teilnehmenden wechseln für diesen Seminarabschnitt in einen für die Betrachtung von Kunstobjekten geeigneten Raum, z. B. in eine Kunstgallerie. Der Referent wählt die für die Intervention passenden Kunstobjekte bzw. Gemälde im Vorfeld aus, kann aber auch deren Auswahl den Teilnehmenden überlassen. Z. B. eignen sich surrealistische Werke des belgischen Künstlers Magritte, weil hierbei die Gewohnheiten in der Betrachtung vor eine besondere Herausforderung – u. a. durch Darstellung von teils überraschenden Gegensätzen oder durch perspektivartig ineinander gesetzte Darstellungen – gestellt werden. Analog zu Seminar 4 (zum Festlegen der organisationalen Bestimmung) bietet sich auch hier die Art-Dialogue-Methode bzw. die Durchführung ihrer Prozessschritte als Unterstützung an, um anhand des Gesprächs über das Gemälde das zugrunde liegende Leadershipphänomen zu akzentuieren[a]. In einem ersten Schritt werden im gemeinsamen Gespräch alle Fakten über das Gemälde gesammelt. Der Referent hat in diesem Zusammenhang das Gespräch so zu gestalten, dass die Teilnehmenden genügend Zeit haben und somit auch verstärkt darüber reflektieren, welche weiteren Aspekte durch eine noch tiefere Betrachtung des Gemäldes gefunden werden können. Der Referent verdeutlicht an dieser Stelle, dass die Teilnehmenden durch vertieftes Beobachten die eigenen impliziten Theorien über das Kunstwerk Schritt für Schritt explizit machen, dadurch ihre eigene Wahrnehmung reflektierter betrachten und somit ihr Verständnis des Ganzen erhöhen sowie lernen, sich für ihre Umgebung zu sensibilisieren. Des Weiteren beobachten die Teilnehmenden womöglich bereits auf Faktenebene unterschiedliche Aspekte. Der Referent betont dies, um zu zeigen, dass die Teilnehmenden verschiedene Details bei der Betrachtung des Gemäldes erkennen bzw. wahrnehmen. Die Unterschiede sind dabei darauf zurückzuführen, dass jeder der Teilnehmenden anderen Aspekten Aufmerksamkeit schenkt. Die Aufmerksamkeit wird aber von dem durch die jeweiligen Erfahrungen geformten, vorhanden Vorwissen und somit durch die vorhandenen impliziten Theorien entscheidend beeinflusst (Steckelberg i. V., vgl. das Komponentenmodell kreativen Lernens, Steckelberg i. V., S. 151).

Rubrik	Angaben
	Die Teilnehmenden sollen hierdurch also nicht nur ihr Verständnis der Funktionsweise ihrer eigenen Wahrnehmung stärken, sondern sich auch für die Wahrnehmung des Gegenübers sensibilisieren. Im zweiten Schritt wird thematisiert, was die Teilnehmenden bei der Betrachtung des Gemäldes interpretieren bzw. welche Emotion das Gemälde bei den einzelnen Teilnehmenden hervorruft. Der Referent kann in diesem Zusammenhang Fragen stellen, wie z. B.: „Was ist die Intention des Künstlers, das Gemälde in dieser Form, mit diesem Gegensatz, mit dem Bild innerhalb eines anderen Bildes etc. darzustellen?", oder: „Welche Emotionen ruft das Gemälde in Ihnen hervor?" Auch für diese Phase sollen die Teilnehmenden seitens des Referenten genügend Zeit eingeräumt bekommen, sodass sie eine persönliche, emotionale Beziehung zu dem Gemälde aufbauen können. Die Ergebnisse dieser Phase werden von dem Referenten zusammengetragen und im Gespräch diskutiert. Der Referent macht klar, dass die Teilnehmenden unterschiedliche Interpretationen von dem Gemälde haben bzw. in dem Gemälde jeweils etwas anderes deuten. Der Referent verweist darauf entsprechend. Bei einer Version des Gemäldes „Die Liebenden" von Magritte steht das dargestellte Paar nah beieinander, ihre Gesichter sind jedoch verhüllt. Z. B. kann es sein, dass der eine Teilnehmende einen Widerspruch darin sieht, dass sich das Paar mit verhüllten Gesichtern zeigt. Für den anderen Teilnehmenden kann das aber ein vertrautes Bild sein, weil sich in seiner Gesellschaft bzw. Kultur und/oder zu dieser Zeit Paare nicht in der Öffentlichkeit frei zeigen dürfen bzw. durften, vor allem nicht, wenn sie (noch) nicht geheiratet haben. Eine dritte Person schließlich deutet, dass das Paar seinen Sehsinn ausschalten will, weil es sich stärker auf das Hören der Umgebungsgeräusche fokussieren möchte. Die Teilnehmenden sensibilisieren sich in der Folge für die Wahrnehmung des Gegenübers. Ein besseres Verständnis des Ganzen ermöglicht es darüber hinaus in einem letzten Schritt durchaus auch ein gemeinsames Verständnis für das zu betrachtende Gemälde aufzubauen. Dadurch schulen die Teilnehmenden ihre Wahrnehmung in dem Sinn, dass sie ihre eigene Wahrnehmung bzw. ihre impliziten Theorien reflektieren und dadurch überprüfen bzw. eventuell anpassen, ihre eigene Wahrnehmung in der Folge stärken und sich gleichzeitig für die Wahrnehmung des Gegenübers öffnen und sensibilisieren. In der Folge können die Teilnehmenden Rückschlüsse auf ihre betriebliche Praxis ziehen und/oder ein besseres Verständnis für gesellschaftliche Themen aufbauen (vgl. Seminar 2).

Rubrik	Angaben
Seminarspezi-fische Merkmale:	Alternativ zur Art-Dialogue-Methode kann auch die Methode Gruppenpuzzle Anwendung finden. Die Teilnehmenden werden hierfür in sogenannte *Expertengruppen* (z. B. aaa/bbb/ccc) eingeteilt, die jeweils ein Gemälde bearbeiten. Im Anschluss vermischen sich die Gruppen zu abc-Gruppen, in denen die Ergebnisse aus den Expertengruppen dann jeweils vorgetragen werden (Aronson et al. 1978). Hierdurch ist ein intensiver Austausch möglich und der Referent kann die einzelnen Expertengruppen in ihrer Erarbeitungsphase unterstützen. Hierbei hat der Referent gegebenenfalls die Möglichkeit, sich neben der Erarbeitungsphase in den Expertengruppen auch bei den Vorstellungen der Ergebnisse einzuschalten, um die Funktion des Erhöhens des Verständnisses des Ganzen zu akzentuieren.
Reflexion:	s. Präambel
STimulation:	s. Präambel

[a]Methodenbeschreibung bzw. -erklärung sollen an dieser Stelle nicht noch einmal aufgegriffen werden

11.2.7 Seminar 7

Titel: Funktion von Wahrnehmung bzw. Erhöhen des Verständnisses des Ganzen durch Interpretation des Höhlengleichnisses Platons (Rehn 2005)

Rubrik	Angaben
Seminarspezi-fische Qualifikations-ziele:	Die Teilnehmenden können • erkennen, dass der eigenen Wahrnehmung implizite Theorien zugrunde liegen, die durch Sozialisierung bzw. die jeweiligen Erfahrungen und die Umgebung im Lebensverlauf ausgeformt werden. • das Erhöhen des Verständnisses des Ganzen als Leadershipverpflichtung besser verstehen und in diesem Zusammenhang anschaulicher nachvollziehen, dass ein besseres Verständnis des Ganzen durch Wahrnehmung initiiert wird und warum es so ist. • ihre eigene Wahrnehmung sensibilisieren und ein besseres Verständnis für die fremde Wahrnehmung aufbauen.

Rubrik	Angaben
Inhaltsbe-schreibung (Kurzzusam-menfassung):	Im Rahmen dieses Seminars wird die Funktion von Wahrnehmung bzw. die Leadershipverpflichtung zum Erhöhen des Verständnisses des Ganzen mithilfe des Höhlengleichnisses Platons bzw. dessen Thematisierung und Interpretation behandelt. Die Teilnehmenden werden sich vertieft mit der Funktion von Wahrnehmung auseinandersetzen und durch aufeinander aufbauende Reflexion intensiv über mögliche Verbindungen zwischen Wahrnehmung, dem Erhöhen des Verständnisses des Ganzen und dem Verstehen/der Deutung des Textes reflektieren. Anhand des Texts wird die Funktion von Wahrnehmung demonstriert und die Teilnehmenden bauen in der Folge ein besseres Verständnis sowohl für die Funktion als auch für die genannte Leadershipverpflichtung auf.
Framing:	Der Referent – der eine entsprechende Vorbildung hat bzw. in der Arbeit mit philosophischen Texten vertraut ist – führt die Teilnehmenden in die relevante Theorie ein und behandelt schwerpunktmäßig die Funktion von Wahrnehmung, das Thema der impliziten Theorien und damit einhergehend auch die Leadershipverpflichtung des Erhöhens des Verständnisses des Ganzen. Die Teilnehmenden sollen daraufhin erste Überlegungen zu möglichen Verbindungen zwischen dem spezifischen – dem Seminar zugrunde liegenden – Themenschwerpunkt und der Arbeit mit einem philosophischen Text bzw. der Interpretation eines philosophischen Textes am Beispiel des Höhlengleichnisses anstellen.
Intervention:	Für die erste Phase der Intervention verbleiben die Teilnehmenden zunächst im Seminarraum, in dem auch das Framing stattgefunden hat. Der Referent erklärt den Teilnehmenden die Aufgabe, sich in der Folge vertieft mit dem Höhlengleichnis Platons auseinanderzusetzen. In diesem Zusammenhang gibt der Referent den Teilnehmenden auch eine kurze Einführung bzw. notwendige Hintergrundinformationen zum vorliegenden Text. Der Referent teilt den Teilnehmenden anschließend einen ersten Ausschnitt des Textes aus. Diese Stelle behandelt die Beschreibung der Ausgangssituation der Höhlengefangenen bis hin zu dem Moment, an dem einer der Gefangenen an die Oberfläche bzw. ans Licht geführt wird. Die Teilnehmenden lesen den Abschnitt, versuchen ihn mit Unterstützung des Referenten zu interpretieren und reflektieren erste Verbindungen zum Thema Wahrnehmung. Der Referent übernimmt dabei die Moderationsrolle, betont aber zu diesem Zeitpunkt noch nicht die Funktion von Wahrnehmung bzw. das Thema der impliziten Theorien, sondern lässt die Teilnehmenden zunächst verstärkt für sich selbst nachdenken bzw. in der Gruppe darüber diskutieren. Nachdem die Teilnehmenden über diesen Abschnitt gesprochen haben, gibt der Referent ihnen die Aufgabe, sich nach draußen zu begeben und sich auf die Betrachtung bzw. Beobachtung der Umgebung einzulassen.

Rubrik	Angaben
	Zudem sollen die Teilnehmenden reflektieren, was der Wechsel der Umgebung im Hinblick auf ihre eigene Wahrnehmung bewirkt sowie was so ein Wechsel für einen der Gefangenen aus dem Höhlengleichnis bedeuten und bewirken würde. Der Referent sammelt die Ergebnisse der Teilnehmenden und trägt diese zusammen. Die Teilnehmenden gleiten somit in die zweite Gesprächsphase, in der der Referent abermals die Reflexion und Diskussionen der Teilnehmenden über potenzielle Verbindungen zum Thema Wahrnehmung durch Lenkung des Gesprächs und Impulsfragen unterstützt. Im Anschluss an diese Gesprächsphase begeben sich die Teilnehmenden wieder in den Seminarraum. Dort händigt der Referent den zweiten und letzten Teil des Textes aus, den die Teilnehmenden lesen. Dieser Abschnitt behandelt schließlich die Entwicklung des „befreiten" Höhlengefangenen, der die ihm neue Umgebung schrittweise besser kennenlernt, erkennt, worauf die Wahrnehmung seiner vorherigen Umgebung basiert und der nun vor der Problematik steht, wieder in seine ursprünglich gewohnte Umgebung zurückkehren zu müssen. Die Teilnehmenden sollen – nachdem sie den gesamten Text erschlossen haben – über mögliche Verbindungen zu impliziten Theorien, der Funktion von Wahrnehmung und auch der Verpflichtung zum Erhöhen des Verständnisses des Ganzen nachdenken. Der Referent greift darüber hinaus nun aktiver in das Seminargeschehen ein und akzentuiert bzw. demonstriert anhand ausgewählter Passagen des Höhlengleichnisses die Funktion von Wahrnehmung sowie die der Verpflichtung zum Erhöhen des Verständnisses des Ganzen. Der Referent zeigt anhand der Erstsozialisierung bzw. an der, für die Höhlengefangenen bis zum Zeitpunkt der „Befreiung", einzig bekannten Umgebung, wie sich ihre Wahrnehmung, d. h. ihre impliziten Theorien über „die Wirklichkeit" aufgebaut haben. Dadurch zeigt der Referent, dass z. B. der gesellschaftliche Kontext der Höhlengefangenen für die Herausbildung ihrer impliziten Theorien prägend ist. Darüber hinaus thematisiert der Referent, dass es sich bei impliziten Theorien um relativ stabile und zunächst feststehende Ausprägungen handelt. Dies macht der Referent daran fest, dass der eine Höhlengefangene, der zu einem Perspektiven- bzw. Umgebungswechsel gezwungen wird, anfangs Probleme damit hat, die ihm ungewohnte Umgebung anzunehmen und sich darin zurechtzufinden. Anhand des Höhlengleichnisses kann der Referent allerdings hervorheben, dass Wahrnehmung in dem Sinn geschult werden kann, dass die eigenen impliziten Theorien schrittweise überprüft und gegebenenfalls in der Folge modifiziert bzw. angepasst werden. Der Referent zeigt dies anhand der Entwicklung des Höhlengefangenen, der – durch tiefere Beobachtung seiner neuen Umgebung – die Funktion seiner eigenen Wahrnehmung besser versteht, diese somit stärkt, sich aber auch für die fremde Wahrnehmung – z. B. die der anderen Höhlengefangenen – sensibilisiert. Der „befreite" Höhlengefangene baut letztendlich auch dadurch ein erhöhtes Verständnis für das Ganze bzw. seine Umgebung auf. Durch Demonstration der Funktion von Wahrnehmung bauen die Teilnehmenden ein erhöhtes Verständnis für dessen Funktion auf und sensibilisieren sich dafür. Dies ermöglicht es ihnen z. B. eine Brücke zur betrieblichen Praxis wie z. B. zur Arbeit in internationalen/multikulturellen Teams zu schlagen.

Rubrik	Angaben
Seminarspezifische Merkmale:	Keine
Reflexion:	s. Präambel
STimulation:	s. Präambel

Literatur

Anderson, J., Kupp, M., & Reckhenrich, J. (2006). Entrepreneurs on a dance floor. *Business strategy Review, 17*(4), 26–31.

Anderson, J., Kupp, M., & Reckhenrich, J. (2009a). The shark is dead: How to build yourself a new market. *Business Strategy Review, 20*(4), 40–47.

Anderson, J., Kupp, M., & Reckhenrich, J. (2009b). Understanding creativity: The manager as artist. *Business Strategy Review, 20*(2), 68–73.

Aronson, E., et al. (1978). *The Jigsaw Classroom.* Beverly Hills: Sage Publications.

Ausubel, D. P. (1960). The use of advance organizers in the learning and retention of meaningful verbal material. *Journal of Educational Psychology, 51,* 267–272.

Ausubel, D. P. (1968). Educational psychology: A cognitive view. New York: Holt, Rinehart and Winston (deutsch: Psychologie des Unterrichts. Beltz, Weinheim, 1974).

Bruner, J. S. (1961). The act of discovery. Harvard Educational Review, 31, 21–32 (deutsch: In H. Neber (Hrsg.): Entdeckendes Lernen. Weinheim: Beltz, 1973, S. 15–27).

Bruner, J. S. (1966). Studies in cognitive growth. New York: Wiley (deutsch 1971: Studien zur kognitiven Entwicklung. Klett-Cotta, Stuttgart).

Bruner, J. S. (1971). *The relevance of education.* Cambridge: Harvard University Press.

Dewey, J. (1997a): How we think. New York: Dover (Erstveröffentlichung 1910).

Dewey, J. (1955): Logic: The theory of inquiry. New York: Holt (Erstveröffentlichung 1938).

Dewey, J. (1997b): Experience & Education (First Touchstone Edition 1997) New York: Touchstone (Erstveröffentlichung 1938).

Hasselhorn, M., & Gold, A. (2006). *Pädagogische Psychologie. Erfolgreiches Lernen und Lehren.* Stuttgart: Kohlhammer.

HasselhorN, M., & Gold, A. (2013). *Pädagogische Psychologie. Erfolgreiches Lernen und Lehren* (3. Aufl.). Stuttgart: Kohlhammer.

Jenert, T. (2008). Ganzheitliche Reflexion auf dem Weg zu Selbstorganisiertem Lernen. *Bildungsforschung, 5*(2), 1–18.

Kade, J. (1989). *Erwachsenenbildung und Identität. Eine empirische Studie zur Aneignung von Bildungsangeboten.* Weinheim: VS-Verlag.

Kade, J. (1993). Aneignungsverhältnisse diesseits und jenseits der Erwachsenenbildung. In Zeitschrift für Pädagogik, 30(3). Weinheim: Beltz-Verlag, S. 391–408.

Kupp, M., Reckhenrich, J., & Anderson, J. (2012). Artful creation – How introducing artworks in business education can foster dialogue and creativity. *Journal of the NUS Teaching Academy, 2*(2), 109–117.

KIT. (2015). Modulhandbücher Studiengang Pädagogik. https://www.geistsoz.kit.edu/ker nfach-paedagogik.php. (letzter Aufruf: 3. Apr. 2017).

LEADERSHIP-KULTUR-STIFTUNG. (2014). Die Stiftung, Unsere Stiftung https://www. leadership-kultur.de/de/die-stiftung/unsere-stiftung/ (letzter Aufruf: 4. Mai 2017)

Rehn, R. (2005). *Platons Höhlengleichnis. Das Siebte Buch der Politeia.* Mainz: Dieterich'sche Verlagsbuchhandlung.

Schein, E. H. (2004). *Organizational Culture and Leadership* (3. Aufl.). San Francisco: Jossey-Bass & Wiley.

Schiuma, G. (2011). *The value of arts for business.* Cambridge: Cambridge University Press.

Schüßler, I. (2008). Reflexives Lernen in der Erwachsenenbildung – zwischen Irritation und Kohärenz. *Bildungsforschung, 5*(2), 1–22.

Steckelberg, A. V. (2015). Orchestrating a creative learning environment: Design and scenario work as a coaching experience – How educational science and psychology can help design and scenario work & vice-versa. *Futures, 74,* 18–26.

Steckelberg, A. V. (2016). Wahrnehmung und ihre Rolle bei der gesellschaftlichen Integration. BMBF-Forschungsantrag. Interne Dokumentation der Leadership-Kultur-Stiftung, Antrag Nr. 1/2016.

Steckelberg, A. V. (2017a). Leadership and management – Past, present and future how complexity and creativity form the fields and which role culture plays and ethic has to play. Workpaper, Version April 2017. https://www.academia.edu/30384742/Leadership_and_ Management_Past_Present_and_Future._How_Complexity_and_Creativity_Form_the_ Fields_and_Which_Roles_Culture_Plays_and_Ethic_Has_to_Play (letzter Aufruf: 8. Apr. 2017). Der Artikel ist als Teil I im vorliegenden Buch enthalten.

Steckelberg, A. V. (2017b): FIRST-Methode: Zur besseren Integration Ästhetik- und Philosophie-basierter Inhalte in die Leadership-Lehre. https://www.academia.edu/328 95551/FIRST-Methode_Zur_besseren_Integration_%C3%84sthetik-_und_Philosophie-basierter_Inhalte_in_die_Leadership-Lehre (letzter Aufruf: 8. Apr. 2017).

Sutherland, I. (2012). Arts-based methods in leadership development: Affording aesthetic workspaces, reflexivity and memories with momentum. Management Learning, 1–19.

Taylor, S., & Ladkin, D. (2009). Understanding arts based methods in managerial development. *Academy of Management Learning & Education, 8*(1), 55–69.

TU wien (2011). Leitfaden zur Curricula-Erstellung. https://www.tuwien.ac.at/fileadmin/t/rec htsabt/downloads/Leitfaden_zur_Curricula_Erstellung.pdf. (letzter Aufruf: 3. Apr. 2017).

Whitacre, E. (2017). Videomaterialien. https://ericwhitacre.com/. (letzter Aufruf: 6. Apr. 2017).

Schlusswort & Ausblick

Im Rahmen dieser Arbeit wurde die ganzheitliche Theorie von Leadership & Management – die von Steckelberg (2017a) ausgearbeitet bzw. entwickelt wurde – didaktisch aufbereitet, um diese einer breiteren Leserschaft zugänglich zu machen. Dadurch wurde die Basis für das in der Arbeit konzipierte Lehrcurriculum bzw. für den intendierten Praxistransfer geschaffen, der ästhetische und kreative Elemente in die (Nachwuchs-) Führungskräfteentwicklung integriert und somit eine von Steckelberg (2017a) geforderte holistische (Nachwuchs-) Führungskräfteentwicklung initiiert und fördert. In diesem Zusammenhang wurde das besagte Lehrcurriculum im Sinne einer Seminaraufstellung ausgearbeitet.

In Kapitel I dieser Arbeit wurde zunächst eine Auseinandersetzung mit den impliziten Theorien durchgeführt. Die Verbindungen zwischen verschiedenen Positionen zum Thema Führung und den impliziten Theorien – die Steckelberg (2017a) bereits angedeutet hat – wurden dabei im Rahmen der erforderlichen (didaktischen) Aufbereitung anhand von ausgewählten sozialwissenschaftlichen Positionen zum genannten Themenkomplex tiefer untersucht und konnten bestätigt werden. Hierbei kommt zum Tragen, dass implizite Theorien bei der Herausbildung von Führungsschemata eine wichtige Rolle spielen. Dies führt aber auch dazu, dass – in den sich mit den Themen Führung, Management und Leadership befassenden Arbeiten – die jeweiligen Autoren in der Regel von ihren eigenen Vorstellungen bzw. Wahrnehmungen her argumentieren und kategorisieren. Eine andere Basis als ihre eigene Sichtweise bzw. Wahrnehmung ist in der Regel nicht vorhanden. Dies ist unter anderem der Grund, warum es zu unterschiedlichen Annahmen, Begrifflichkeiten und Bezeichnungen für gleiche Phänomene innerhalb der Führungsthematik kommt. Weiter wurde dargelegt, dass der Aspekt der Wahrnehmung insbesondere auch für die Ausarbeitung zu der von Steckelberg (2017a) entwickelten Theorie von Leadership & Management in

© Der/die Autor(en), exklusiv lizenziert durch Springer Fachmedien Wiesbaden GmbH, ein Teil von Springer Nature 2021
A. Steckelberg et al., *Leadership & Management*, https://doi.org/10.1007/978-3-658-32987-7_12

Kapitel II eine entscheidende Rolle spielt. Dies spiegelt sich in der von Steckelberg (2017a) erarbeiteten ganzheitlichen Theorie von Leadership & Management bzw. in der gezeigten engen Verbindung von Leadership zu Wahrnehmung wieder (Steckelberg 2017a). Dadurch wird schließlich auch das Plädoyer von Steckelberg (2017a) begründet, warum durch ästhetisches Erfahren und intensive Reflexion hervorgerufenes kreatives Lernen in der (Nachwuchs-) Führungskräfteentwicklung eingesetzt werden soll (Steckelberg 2017a). Die didaktische Aufbereitung der Arbeit von Steckelberg (2017a), die in Kapitel II vorgenommen wurde, schafft in diesem Zusammenhang – wie bereits erwähnt – die notwendige theoretische Basis, um den intendierten Praxistransfer vorzubereiten und den Inhalt gleichzeitig auch einer möglichst breiten Leserschaft zugänglich zu machen.

In Kap. 3 dieser Arbeit wurde der intendierte Praxistransfer vorgestellt. Die vorangestellte Präambel zeigt, wie das Lehrcurriculum bzw. die Seminaraufstellung organisiert werden kann bzw. welche didaktischen Vorüberlegungen in die nachstehend beschriebenen Seminare einfließen. Die darauffolgende Seminaraufstellung integriert ästhetische Elemente aus den Bereichen Kunst, Musik, Sport, Philosophie sowie Esskultur in die (Nachwuchs-) Führungskräfteentwicklung. Die Seminare haben das Ziel, die Teilnehmenden dazu zu befähigen, ihre eigene Wahrnehmung zu stärken, sich für die fremde Wahrnehmung zu sensibilisieren und für wechselnde Anforderungen in einem zunehmend dynamischeren und komplexeren Umfeld kreative Lösungen zu finden.

Es ist angedacht, das Endprogramm nach der entsprechenden Etablierung weiter zu entwickeln und somit auch die Seminaraufstellung sukzessive zu erweitern. Dies ist jedoch nicht der Gegenstand dieser Arbeit und wird im Rahmen dieses Abschnitts als Empfehlung für die weiteren Arbeiten bzw. weitere Forschung beschrieben. So können andere ästhetische Möglichkeiten für die dargestellten Bereiche gefunden und für potenzielle Seminare ausgearbeitet werden, wie beispielsweise Musikrichtungen über die klassische Musik hinaus (z. B. Jazz, Rock, Pop etc.), vertiefende Betrachtungen zu Themen wie Kunstturn- und Sportgymnastik, Synchronschwimmen, Trinkkultur oder dem Mittelfeldspieler einer Fußballmannschaft, der das Spielgeschehen seiner Mannschaft lenkt und orchestriert. Möglich ist auch, neue Bereiche zu erschließen, die die genannten Felder – Kunst, Musik, Sport, Philosophie sowie Ess- und Trinkkultur – ergänzen, wie z. B. Ethik. Des Weiteren können die ästhetischen Möglichkeiten, die im Rahmen der gezeigten Seminaraufstellung zur Demonstration von spezifischen Leadership-(bzw. Management-) Verpflichtungen bereits genutzt wurden, auch auf andere Verpflichtungen von Leadership & Management ausgeweitet werden.

Insgesamt ist es durchaus denkbar und auch sinnvoll, breiter angelegte Zielgruppen anzuvisieren. Das ursprünglich für besser Situierte, d. h. in diesem Fall für die (Nachwuchs-) Führungskräfteentwicklung, intendierte bzw. angestrebte Programm kann – wie bereits in der Seminaraufstellung in Kapitel III angedeutet (vgl. Seminar 2, seminarspezifische Merkmale) – auch auf andere Kontexte, wie den gesellschaftlichen Kontext, übertragen bzw. für diesen Kontext weiter ausgebaut werden (vgl. Steckelberg 2016). Damit sollen auch sozial schlechter gestellte Personengruppen, wie z. B. Arbeitslose, Schutzsuchende, Menschen mit einem Migrationshintergrund, Menschen mit Behinderung etc. zusammen mit besser Situierten die Möglichkeit erhalten, an den wahrnehmungsbezogenen Seminaren teilzunehmen. Wie bereits im genannten Seminar 2 (s. seminarspezifische Merkmale) angedeutet, kann hierdurch eine arbeits- und gesellschaftsbezogene Integration in besonderer Weise gefördert werden. Somit soll auch die Kommunikation der Individuen aus unterschiedlichen Kulturen, Milieus bzw. sozialen Schichten untereinander gestärkt und ein erhöhtes gegenseitiges Verständnis für die jeweilige Umgebung bzw. die jeweilige gesellschaftliche Kultur aufgebaut werden, wodurch insgesamt eine leichtere und bessere Integration bzw. Sozialisierung ermöglicht werden kann (Steckelberg 2016).

Der intendierte Praxistransfer soll dazu verhelfen, den im Rahmen dieser Arbeit aufgezeigten Wissensstand über den Themenkomplex zu Führung und Wahrnehmung anhand von weiterführenden Schritten in die Praxis umzusetzen. Durch einen ständigen Wechsel von empirischer Forschung, z. B. mit Hilfe von Befragungen, Gesprächsprotokollen und Reflexionen von Seminarteilnehmenden und von theoretischer Weiterentwicklung, z. B. durch theoriebezogene Forschung mit Hilfe von erhobenen Daten, weitere wahrnehmungsbezogene Forschungsarbeiten etc., soll auch das Lehrcurriculum sowohl organisatorisch als auch wissenschaftlich entwickelt werden. Ein ständiger Wechsel zwischen Theorie und Praxis gewährleistet, dass Programmentwicklung und Forschung im genannten Themenkomplex initiiert und gefördert werden. Z. B. können Befragungen zu verschiedenen Zeitpunkten eines Seminarprogramms dazu dienen, die Entwicklung des Kenntnisstands und der Handlungsfähigkeit von Seminarteilnehmenden im wahrnehmungsbezogenen Themenkomplex zu untersuchen und aufzuzeigen (Steckelberg 2016). Schließlich ist auch denkbar, dass die Leadership-Kultur-Stiftung Partnerorganisationen hinzuzieht, z. B. universitäre oder andere Einrichtungen, die das angestrebte Programm unter anderen Gesichtspunkten kritisch mitentwickeln. Vor allem hinsichtlich des Potenzials, mit Hilfe von wahrnehmungsbezogenen Seminaren die gesellschaftliche Mitte zu stärken (vgl. Seminar 2), sollten Bürgerorganisationen und/oder soziale Einrichtungen mit berücksichtigt werden, damit die Letztgenannten auch ihre Perspektive gewinnbringend im Sinne eines zusätzlichen Erkenntnisgewinns einbringen können (vgl. Steckelberg 2016).

Die Ausführungen im Rahmen dieser Arbeit zeigen somit, dass anknüpfend an die Theorie von Steckelberg (2017a) ein grundlegender Ansatz für wahrnehmungsbezogene Seminare geschaffen wurde, um die Wahrnehmung von potenziell Beteiligten in vielerlei Hinsicht sensibilisieren und entwickeln zu können. Die didaktische Aufbereitung, die im Rahmen dieser Arbeit vorgenommen wurde, zeigt sowohl die Bedeutung der dargestellten Theorie zum behandelten Themenkomplex und ihre wahrnehmungsbezogenen Verbindungen als auch ihren praktischen Nutzen bzw. ihr Potenzial für verschiedene Bereiche auf. Hinsichtlich der gesellschaftlichen Herausforderungen, z. B. durch den Zuzug von Geflüchteten, gewinnen Angebote, durch die Beteiligte ihre Wahrnehmung sensibilisieren bzw. ihren Wahrnehmungshorizont erweitern können und somit das gesellschaftliche Miteinander insgesamt gefördert bzw. gestärkt wird, weiter an Bedeutung. Dies unterstreicht sowohl die Relevanz als auch die Aktualität der vorliegenden Arbeit.

Literatur

Steckelberg, A. V. (2016). Wahrnehmung und ihre Rolle bei der gesellschaftlichen Integration. BMBF-Forschungsantrag. Interne Dokumentation der Leadership-Kultur-Stiftung, Antrag Nr. 1/2016.
Steckelberg, A. V. (2017a). Leadership and Management – Past, present and future how complexity and creativity form the fields and which role plays and ethic has to play. Workpaper, Version April 2017. https://www.academia.edu/30384742/Leader ship_and_Management_Past_Present_and_Future._How_Complexity_and_Creativity_F orm_the_Fields_and_Which_Roles_Culture_Plays_and_Ethic_Has_to_Play. (letzter Aufruf: 8. Apr. 2017). Der Artikel ist als Teil I im vorliegenden Buch enthalten.

PD Dr. Alexander V. Steckelberg ·
Charly Harrer

Leadership & Management

Ganzheitliche Betrachtung von
Führung und ästhetikbasierte
Qualifizierung von
(Nachwuchs-)Führungskräften

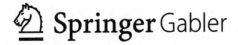

PD Dr. Alexander V. Steckelberg
Institut für Berufspädagogik und
Allgemeine Pädagogik (IBAP),
Abteilung Berufspädagogik
Karlsruhe Institute of Technology,
Karlsruhe, Deutschland

Charly Harrer
Leadership-Kultur-Stiftung
Neuwied, Deutschland

ISBN 978-3-658-32986-0   ISBN 978-3-658-32987-7 (eBook)
https://doi.org/10.1007/978-3-658-32987-7

Die Deutsche Nationalbibliothek verzeichnet diese Publikation in der Deutschen Nationalbibliografie; detaillierte bibliografische Daten sind im Internet über http://dnb.d-nb.de abrufbar.

© Der/die Herausgeber bzw. der/die Autor(en), exklusiv lizenziert durch Springer Fachmedien Wiesbaden GmbH, ein Teil von Springer Nature 2021
Das Werk einschließlich aller seiner Teile ist urheberrechtlich geschützt. Jede Verwertung, die nicht ausdrücklich vom Urheberrechtsgesetz zugelassen ist, bedarf der vorherigen Zustimmung der Verlage. Das gilt insbesondere für Vervielfältigungen, Bearbeitungen, Übersetzungen, Mikroverfilmungen und die Einspeicherung und Verarbeitung in elektronischen Systemen.
Die Wiedergabe von allgemein beschreibenden Bezeichnungen, Marken, Unternehmensnamen etc. in diesem Werk bedeutet nicht, dass diese frei durch jedermann benutzt werden dürfen. Die Berechtigung zur Benutzung unterliegt, auch ohne gesonderten Hinweis hierzu, den Regeln des Markenrechts. Die Rechte des jeweiligen Zeicheninhabers sind zu beachten.
Der Verlag, die Autoren und die Herausgeber gehen davon aus, dass die Angaben und Informationen in diesem Werk zum Zeitpunkt der Veröffentlichung vollständig und korrekt sind. Weder der Verlag, noch die Autoren oder die Herausgeber übernehmen, ausdrücklich oder implizit, Gewähr für den Inhalt des Werkes, etwaige Fehler oder Äußerungen. Der Verlag bleibt im Hinblick auf geografische Zuordnungen und Gebietsbezeichnungen in veröffentlichten Karten und Institutionsadressen neutral.

Planung/Lektorat: Anna Pietras
Springer Gabler ist ein Imprint der eingetragenen Gesellschaft Springer Fachmedien Wiesbaden GmbH und ist ein Teil von Springer Nature.
Die Anschrift der Gesellschaft ist: Abraham-Lincoln-Str. 46, 65189 Wiesbaden, Germany